《莊子》選文
一場哲學與心靈的對話

第三版

傅孝維 著

五南圖書出版公司 印行

序言 Preface

　　在古代經典中，有關個人身心探索方面，《莊子》堪稱是鞭辟入裡、發人深省的佳作，小至個人困境，大至天人關係，篇篇寓意深遠，尤其在高度物質追求的現今社會，更是提供反思的好題材。經典是跨時空，歷久彌新，為何經典有如此巨大的力量呢？又帶給現代人什麼啟發與應用？在價值觀混淆，功利掛帥的社會，許多人到了身心失調後才悔不當初，不可不慎！覺察是改變的第一步，我們可以藉由閱讀《莊子》來反思生命真義，放慢生活步調，體悟自然之道，逍遙樂活做自己。我們無須做今之古人，但若能用這現有的寶貴智慧來滋養心靈與檢視失衡生活，何樂而不為？

　　本書寫作旨在「活化經典」，將艱深的莊子文學轉譯成淺顯易懂的白話文，致力於義理闡述與現代應用，故訓詁考證略少。為了將文言版《莊子》還原出生動活潑的寓言故事，其中難免有筆者個人的延伸詮釋，但原則上不失經典原意。本書字義解讀主要依據陳鼓應《莊子今註今譯》、吳怡《新譯莊子內篇解義》、黃錦鋐《莊子讀本》、《傅佩榮解讀莊子》、張默生《莊子新釋》、郭慶藩《莊子集釋》，感謝國學大師們的精湛研究，細心考證，使後學得以進入莊子精神世界，窺其堂奧。莊子思想其實是一個整體，歸根結底，各個概念間是相通的，環環相扣，但為了方便論述說明，將書中寓言分成以下三個面向：一、自我篇——從個人談起，說明

人在大自然中的定位，是大自然中的一份子，很渺小，看到人的有限性和思想的框框，並強調養生修心的重要性。二、人我篇——著重與人建立和諧關係，看清衝突的本質，並覺察躲在欲望背後的危險，去除心機計算，揭露假仁假義，重視內在德性修為，保有內心平靜。三、物我篇——強調人與環境共存共榮，欣賞自然但不佔有及破壞，瞭解萬物皆有用，體察生命之美，以及學習無待的人生。

　　本書之體例是將原文編排於首，其次為生難字詞注釋，接著為譯文，最後的現代省思部分是筆者的延伸想法，著眼於現代生活的連結，作為反思的題材，藉由讀後心得之分享，盼能拋磚引玉，使讀者對莊子寓言也有自己的觸動及體悟，不只是作者的文章，也是讀者自己生命的再現，側重讀者中心的詮釋與發想。本書中，寓言名稱的訂定以成語為優先，旨在讓莘莘學子能加深對莊子成語的認識，對於無成語典故的寓言，則儘量以生動淺白的口語用字來命名，以達經典生活化之效。此外，為了提升閱讀時的趣味感與生動性，文中多處輔以插畫，盼能激發讀者之想像，以圖還原文本，也開啟右腦圖像化記憶，留下更深遠的影響。由於篇幅考量，實難網羅所有寓言，各單元僅摘選若干則代表性寓言來闡述主題深義，知微見著，藉此傳達逆境中生活達人的智慧。

認識莊子

　　莊周（約生於西元前369至西元前286年間，約83歲），宋國蒙縣人（今河南，商丘）。他曾做過蒙縣漆園吏，但不久就辭官，隱居在陋巷，以織履餬口，編織草鞋維生。最早記載《莊子》一書是司馬遷《史記‧老子韓非列傳》：「莊子者，蒙人也，名周。周嘗爲蒙漆園吏，與梁惠王、齊宣王同時。其學無所不闚，然其要本歸於老子之言。故其著書十餘萬言，大抵率寓言也。作〈漁父〉、〈盜跖〉、〈胠篋〉，以詆訿孔子之徒，以明老子之術。〈畏累虛〉、〈亢桑子〉之屬，皆空語無事實。然善屬書離辭，指事類情，用剽剝儒、墨，雖當世宿學不能自解免也。其言洸洋自恣以適己，故自王公大人不能器之。楚威王聞莊周賢，使使厚幣迎之，許以爲相。莊周笑謂楚使者曰：『千金，重利；卿相，尊位也。子獨不見郊祭之犧牛乎？養食之數歲，衣以文繡，以入大廟。當是之時，雖欲爲孤豚，豈可得乎？子亟去，無汙我。我寧游戲汙瀆之中自快，無爲有國者所羈，終身不仕，以快吾志焉。』」司馬遷認爲莊子博覽群書，善於分析事理，口才極佳，但其言論大而無當，不切實際，隨性自由，所以不被當權者所器用。

　　東漢班固《漢書‧藝文志》中記載《莊子》爲五十二篇，包括內篇七篇，外篇二十八篇，雜篇十四篇，解說三篇，此版本已失

傳。晉代郭象《莊子注》編定爲三十三篇，原文約七萬多字，是現今流傳通行本。分爲內篇七篇，外篇十五篇，雜篇十一篇，一般認爲內七篇爲莊子所作，外雜篇非一人亦非一時之作，疑出於多人之手筆，可能爲莊子門人及道家後學所作，宋代蘇軾就直接指出雜篇中〈讓王〉、〈盜跖〉、〈說劍〉、〈漁父〉疑是僞作。

戰國時代，社會混亂，當權者多利慾薰心，莊子的價值觀與當時社會相距甚遠，他滿腹感慨欲訴人知，但擔心不被人所接受，於是用三言：寓言、重言、卮言來表達其想法。《莊子‧天下》：「以天下爲沈濁，不可與莊語，以卮言爲曼衍，以重言爲眞，以寓言爲廣。」當時世人多沉溺於物欲，深陷汙濁，不能和他們講一些正經莊嚴的話，怕他們聽不進去，所以就說些輕鬆的話，避免用說教方式，而用一些沒有成見的話，隨物變化，隨機應變來鋪陳事理。又借用重要名人來說道理，讓人信以爲眞，增加其說服力。同時也將人生哲理寄託在寓言故事裡，來推廣道家思想。

再者，《莊子‧寓言》：「寓言十九，重言十七，卮言日出，和以天倪。」書中十分之九是以寓言的方式來呈現，冀望能廣泛流傳以發揮影響力；在寄寓的故事中，十分之七是假借重要人物的口來述說道理以增加說服力，而說話有時又像是杯中的水一樣，隨不同酒杯而有不同形狀，天天都隨物變化更新，沒有什麼定見，但其中哲理都能與自然的道理相合。另外，《莊子‧外物》：「荃（筌）者所以在魚，得魚而忘荃；蹄者所以在兔，得兔而忘蹄；言者所以在意，得意而忘言。」香草釣餌或竹簍是捕魚的工具，捕

到魚就可以放下竹簍；兔網是用來絆住兔腳，捉到兔就要放下網子；語言文字是用來傳達心中的意思，領會意思後就可以放下語言工具，不被字面特定解釋所侷限。莊子並非否定語言文字的功用，只是大道極其深奧微妙，語言是有限的，言不盡意，故還需看到沒有說出的部分，而不要執著於文字本身。同樣地，也不要去執著成見，破除偏執並非否定現有的價值體系，非消極地放棄努力，而是積極地去欣賞事物本來的樣子及擴大其價值感。依循自然運行的法則，順勢發展，因為「自然的層次」比「人為的層次」更高，故順應自然並非消極態度，而是遵循更高的法則生活。生命本身就有意義，就有價值，肯定自己生命的真性，適時適性去開發潛能，但不強求，才會擁有自在自得的人生。

　　莊子是一位突破思想框架、打破時空限制的哲學家，他的精神世界可上窮碧落下黃泉，非只侷限於眼前，也看到薪盡火傳的種子，看到未來；他不以人類為中心的思考，所以看到個體，也看到整體。他提出遊刃有餘、舉重若輕的應世之道，對後世帶來深遠的影響，但若只將其思想當作聖人之言來做研究，那麼就無法體悟莊子思想之精妙，難以進入其「天地與我並生，而萬物與我為一。」、「與道同化」的精神境界。什麼是「道」呢？老子所說的「道」是客觀的「道」；莊子所說的「道」是人瞭解「道」以後的精神境界。〈大宗師〉：「夫道，有情有信，無為無形；可傳而不可受，可得而不可見。」很難說得清楚「道」，因為我們都身處其中，就整體宇宙而言，萬物無時不在生成往來的變化運行中，「道」是一切事物的根源和歸宿，《道德經》第二十五章：「有物

混成，先天地生。寂兮寥兮，獨立而不改，周行而不殆，可以爲天下母。吾不知其名，字之曰道。」我們都是從「道」而來，最後也都要回到「道」中。就像森林中的一片樹葉，無論你有多特別，你只是其中之一，也無論你長得多高，最後都要落葉歸根。

「道」在哪裡？東郭子問於莊子曰：「所謂道，惡乎在？」莊子曰：「無所不在。」東郭子曰：「期而後可。」莊子曰：「在螻蟻。」曰：「何其下邪？」曰：「在稊稗。」曰：「何其愈下邪？」曰：「在瓦甓。」曰：「何其愈甚邪？」曰：「在屎溺。」東郭子不應。莊子曰：「夫子之問也，固不及質。正獲之問於監市履狶也，每下愈況。汝唯莫必，無乎逃物。至道若是，大言亦然。」（《莊子‧知北遊》）莊子說「道」在螞蟻之中，在稻田裡小草中，在瓦塊磚頭中，在屎屎中。從動物說到植物，說到礦物，再說到廢物，東郭子覺得莊子把「道」越說越卑下，聽不下去，不再問話了。其實，莊子說的是事實，是「道」的眞實面，莊子接著解釋並舉例：有一位名叫獲的市場管理員向屠夫詢問如何判斷哪隻豬比較肥，從而得知要踩住豬腿去感知，越是往下面部位踩就越能快速得知肥瘦的眞實情況。所以不要只是在某一特定事物裡尋求道，在卑微的事物上也是有道的存在，而且更無隱藏，更眞實呈現。沒有什麼東西可以逃離開「道」，道是無所不在，最偉大的言論也是這樣的無所不包，所以最高的境界是沒有區分貴賤親疏。

莊子的思想境界是超然物欲之外，但一般人可能會誤解成不近功名，不問世事，沒有是非。其實，莊子是深入現實生活中，深刻

體悟到人活在世上是有條件限制，行為也不是完全自由的，非能隨心所欲，但他卻能從中超越，這是看透事物的本質後才有的深刻體悟，胸襟因此敞開，不受表象侷限，他並非分不清是非，而是從無窮無盡的時間來看，放下固執、放下煩憂；他並非看不到利害，而是從無邊無際的空間來看，不去計較、不去生氣。就像艾文‧亞隆（Irvin Yalom）所寫的小說《叔本華的眼淚》（*The Schopenhauer Cure*）談到東方禪修觀點中，必須去除雜念、看清幻象及放下執著後才能真正遠離痛苦。唯有如此，也才能有餘地享有自由之心，逍遙樂活。1915年諾貝爾文學獎得主，法國小說家羅曼‧羅蘭（Romain Rolland, 1866～1944）曾說：「世界上只有一種英雄主義，那就是在認識生活的真相後仍熱愛生活（There is only one heroism in the world: to see the world as it is, and to love it.）」另一位法國小說家，1957年諾貝爾文學獎得主，存在主義文學大師亞伯特‧卡繆（Albert Camus, 1913～1960）也說：「在隆冬之際，我發現我內心有一個永不凋零的夏天（In the midst of winter, I found there was, within me, an invincible summer.）」這些呼應了莊子心中的順應自然又擁有逍遙自由的「外化而內不化」精神力量。

資訊時代，手機功能推陳出新，年輕人爭相換新款，好還要更好，新還要更新，「想要」已過度膨脹，蓋過「需要」，貪得變成了理所當然，夠用成了不重要的事。名牌迷思使得打工現象在大學中變得非常普遍，真正有經濟困難者其實並不多，這樣學校工作兩頭忙，弄得自己精疲力竭，得不償失。另外，打工雖可增加實務應用的能力，但有些人太急著進入職場，只看到眼前的利益，缺乏長

遠規畫，例如：餐飲系學生在餐廳廚房洗盤子，因工資很好而不斷加班，耽誤課業與專業技巧的精進，捨本逐末，未能厚實自己的能力，少了大鵬鳥奮力展翅飛向高遠理想的精神。再者，這樣地守著生活中的小確幸，久而久之，沒有了突破困境的動能，這何嘗不也是另一種偏執呢？過猶不及都有矯情之嫌，少了些自然樣貌。莊子追求自然曠達的人生，保有最初之心，享受來自生命內在的快樂。這些足以用來作為現代人反思周遭環境與切身問題，是逆境中的一盞明燈，默默照亮了執迷的心及安頓了疲乏的身。人生旅途中，一路上有各種不同的風景，你會細細欣賞與之共舞？還是感嘆驚鴻一瞥，匆匆趕路無緣相聚？抑或是疲於奔命，錯過春花秋月？人終究會下車，也不知會走多遠？如何能讓此生無悔無憾，旅程中又要帶著怎樣的心情？常言道：人生苦短；有人卻說：人生的價值不在時間長短，雖苦亦樂，只要活得有意義、活得快樂。快樂的人到底需要具有哪些特質呢？不管外在環境是順是逆，是富是貧，其實只要「欲求」小於「擁有」，內心就有滿足喜樂，莊子就是這麼一位隨遇而安的高手。

莊子與閱讀治療

　　從莊子寓言中，可看出社會混亂和人心不安的原因所在，而故事主角面對問題的智慧與格局也能帶給讀者因應未來變局與挑戰的一些啟發。現代，有些人太重外在的表現，而忽略內在的肯定，追求生命之外的事物，而輕忽生命之內的需要，例如：太看重學歷而忽略知識的應用，太重讀書考試而不重德性修為，實為本末倒置。另一個常見的人生窘境是達不到又放不下，矛盾煩憂充斥內心，心情就像「身在江海之上，心居乎魏闕之下。」（《莊子・讓王》）雖離職在野，卻心繫朝政，久之必勞心損身，不合乎心理衛生。莊子筆下的人生寫照生動犀利，足以為惕，實為閱讀治療的有力素材。

　　人在生病時，除了對症下藥，藥到病除，其過程中，心理上的沮喪、抱怨、或脆弱害怕，甚至醫療關係產生猜疑緊張，都是一種煎熬，此時若能有個切合當下心情的文學素材，減少情緒上的困擾，心靈就能得到釋放與安撫。經典閱讀或文學創作都是能激發人心的精神活動，文學是最貼近生活的一種表現方式，每一種文學都是一種人生縮影，只要有耐心，每個人都可以在浩瀚的書海中，找到適合自己、有感覺的文學性語言，就算是隻字片語，只要能讓自己身歷其境，產生共鳴，撫慰心靈，那便是一帖良方妙藥。在咀嚼

文字的過程中，看似單向進行，實則文中的深思卓見與動人文字已在讀者心中產生漣漪盪漾著，默默牽動讀者走向心靈的後花園，抒發受挫的境遇，釋放理性與感性間的矛盾，放下不必要的欲求，放鬆徜徉在綠茵上，滋養出快樂心靈，這就是文字的力量、閱讀的療癒。總之，經典作家對生活的讚嘆，情緒釋放，或對生命的體悟，反芻心得，只要我們把心打開，去感受，有助於撫慰不安的心，觸發反思，困惑頓解，得醍醐灌頂之快，看到未曾到過的地方，聽到未曾發現的心聲。閱讀，伴隨成長步伐，看盡人生百態，這未嘗也是一種快樂心靈的美感經驗，或是一趟療癒身心的豐富旅程。

何謂閱讀治療？以閱讀書籍作為媒介材料的一種心理治療方式，最早運用於古希臘的圖書館內，圖書館員運用宗教書籍來幫助精神疾患及心理困擾者淨化情緒，在古希臘都市底比斯（Thebes）的圖書館入口處就刻有「The Healing Place of the Soul 靈魂的療癒所」，那時就已看到閱讀的療癒力量。近代，閱讀治療多用在療養院、醫院、心理診所、學校等。1916年，美國人評論家撒姆耳（Samuel McChord Crothers）將經由閱讀書籍來療癒人心的方式，命名為 bibliotherapy，Biblio 由希臘字衍生而來，意思是「書」（Rubin, 1978）。Bibliotherapy 翻譯為「閱讀治療」，又譯為「讀書治療」、「書目治療」。

依閱讀媒材之不同，可分三類：一、文學類：治療師介入選擇讀物，閱讀後有分享討論或進行心理輔導活動。二、非文學類：工具式讀物或自助手冊，此類書需有具體療效之實證資料，最典

型的例子是由大衛・柏恩斯（David D. Burns）所著的《好心情手冊——情緒會傷人》（*The Feeling Good Handbook: the New Mood Therapy*）書中協助憂鬱症走出陰霾的 DIY 認知療法。三、多媒體類：例如，相關電影、短片，或電腦資訊相關主題課程。依治療師與當事人的關係來分，有四種類型（Pardeck, 1994）：一、當事人自我主導（自助式閱讀，除了初次和看完書的會談，閱讀期間沒有與治療師接觸）；二、當事人與治療師最少接觸（可用電子信件或電話來互動）；三、治療師督導（附屬式閱讀治療：閱讀作業附屬在其他心理治療活動）；四、治療師主導（整合式閱讀治療：兼顧閱讀與後續相關心理活動設計）。以上第一類型爲自助式閱讀治療，第二、三、四類型屬於互動式閱讀治療（interactive bibliotherapy）。

　　本書可施用在個別或團體中，依照不同目標有不同的選文，例如：針對低學習動機的補救團體，選文主題可擬爲認識自己、找出生命的亮點、文學好好玩、提升興趣、敗部復活等主題。實施步驟如下：首先是準備階段－建立諮商關係（Establishing rapport 投契關係），傾聽當事人的故事，分析問題，擬訂治療計畫，確定治療目標與次數，每次只解決一個問題，故目標不宜過大，諮商師挑選出與當事人問題相關的媒材，閱讀篇目，訂定討論主題。接著是實施階段－導讀與重點閱讀，當事人「投入」文本閱讀中，「認同」書中與自己遭遇類似的角色，感同身受，「移情」到書中特定人物上，用自己的角度來詮釋故事，再用書中人物的角度來感受，釋放心靈，達到「宣洩和淨化」情緒之效。在分享討論階段，回到

現實，諮商師將相關問題嵌入各式輔導活動中，與作者對話，激盪出智慧的火花，或透過角色扮演，深度討論，分享自己的經驗，覺察自我，產生「領悟」，比較書中人物和自己的異同，醞釀出新的想法、新的問題解決方法，再將這新想法「應用」在自己的問題上，情況改變，心靈得到平靜自在，世界變遼闊，心中「美感」經驗隨之而至，擁抱了熱情且豁達的人生。最後是評鑑階段－檢視當事人的問題是否得到解決，若仍無改變的可能，或發現有了新的問題，則再回到問題分析與選文閱讀，重複依序施行（Sridhar and Vaughn, 2000）。另外，亦可加入相關影片以深化反思，例如：閱讀《莊子‧齊物論》中破偏執的主題後，觀看《霍元甲》電影中「品茶論武」段落，片中論及茶本身無所謂好壞之分，武術亦無優劣之別。日本武士反問：「既然如此，為何還要有比武競賽？」主角回答：「比武的意義在藉由與人切磋的過程中，更認識自己，瞭解自己的弱點。人最大的敵人不是別人，而是自己。」將此連結到對自己的體悟上，喚起生命力及醞釀出行動的動能。

　　閱讀治療之功能有哪些？在自我成長方面，由於閱讀媒材是選擇與自己切身相關之主題，所以較易引起閱讀興趣。而且有個安全距離去看自己的問題，此讓人感到較自在，書中角色的處境類似自己迫切待解的問題，當事人會覺得不孤單，有人站在自己這邊，懂自己，這讓當事人更有意願及勇氣來談自己的個人問題，進而更深入了解自己的心理需求和行為模式。再者，陪著書中特定角色一路走來的蛻變，感同身受的替代經驗中，釋放了負向情緒與束縛，也能從更多元的角度來審視所處的情境，看到解決問題的曙光與方

向，產生新想法，有了改變的動能，增進自我效能。甚至在閱讀時起了補償作用，好像實現了夢寐以求的願望，或進入心中理想世界而大快人心。在人際相處方面，藉由第三人的旁觀角度，客觀地理解文本中角色的內心世界，進而同理接納他人，增進人我關係的和諧。在書中形形色色、各類人物相織出的關係網中，道出處世的智慧，間接也學會從一些蛛絲馬跡中洞察到他人的心理反應，深化與外在世界的連結，強化社會適應力。另外，與團體成員眞實的互動過程中，彼此尊重與傾聽對方分享，無形中也在滋養社會支持系統，爲未來生活培育一塊沃土。

　　《莊子》是一本文學性極高的作品，同時也是一門哲學派別。除了推薦莊子寓言當作閱讀治療的素材外，莊子思想亦可用來進行哲學諮商，做爲探討人生或解決困惑的途徑。早在古希臘，花園派哲學家伊比鳩魯（Epicurus, 341～279 B.C.）就明白說出哲學是用來解除心中的痛苦，趨樂避苦，尋求一條通往快樂之路；在《論語》、《道德經》、《莊子》書中的思想、格言，與智慧，也都在幫助人從困境中破繭而出，邁向安身立命的大道，活出生命的意義與價值。然而，哲學諮商與閱讀治療最大不同處在於：哲學是從宇宙來看生命，非從個人角度來看生命，哲學有其一套系統化論述，包含形上學、知識論，及倫理學，並非中立的價值觀，不同一般心理治療保持中立的價值觀，而哲學會給人有意向性的建議，這易落入單向式說教，忽略了當事人問題的複雜性與個別化。有別於此，1981年，德國哲學家阿肯巴哈（Gerd B. Achenbach）創立哲學諮商，運用認知治療學派大師貝克（Aaron T. Beck）所提出的蘇格

拉底對話方式（Socrates Dialogue）幫助當事人自己發展出合乎邏輯的想法，諮商師只是在旁催化提出問題，就像產婆在接生新生命，故此又稱爲產婆法。藉由提問來協助當事人界定問題，釐清語意思想邏輯，從論證中檢視及修正一些認知曲解、絕對化思想、自我中心、或不當的自動化思考。借助哲學思想上的對話和討論，可以發現自己的偏見或盲點所在，這也不失爲一種有效方法。又如，法國哲學家 Marc Sautet 受到阿肯巴哈的影響，將哲學帶進日常生活裡，開設第一家哲學家咖啡館，與各行業的愛智者熱烈討論生活上的困惑議題，成了大眾哲學的一環而大受歡迎。莊子哲學如果也能落實在日常生活中，在地咖啡館、茶館、沙龍內，慕道者共聚一堂暢談人生，與莊子來場心靈對話，這豈非美事一椿！

目錄 Contents

自我篇

──放遠人生眼界

單元一

化解自大的習性

　　人是大自然中的一份子，在浩瀚無垠的天地中，人實在很渺小。《莊子·秋水》：「計人之所知，不若其所不知；其生之時，不若未生之時。」算算人所知道的不及所不知道的；我們存在這地球行星的時間不及不存在地球的時間。瞭解過去及探索未來是爲了讓「當下」能做出更好的決定，然而我們能掌握的資訊是有限的、是部分的。蘇格拉底認爲自己聰明因爲知道自己是無知的，清楚自己還有很多事不知道才是最大的智慧，這也才算是眞的「認識了自己」。很多事情不是我們能完全瞭解，也不是我們說了算，驕傲是無知的表現，若帶著自我中心的盲點，茫然無知而不自覺，則會貽笑大方。那麼，如何看清事物的本質？如何定位自己？又如何使自己在生活中逍遙自在？讓我們藉由莊子寓言來觀照生命、認識我們自己，並創造出樂活的人生。

寓言 ① 望洋興嘆① 〈秋水〉

秋水時至，百川灌河，涇流之大，兩涘②渚③崖④之間不辯⑤牛馬。於是焉河伯欣然自喜，以天下之美爲盡在己。順流而東行，至於北海，東面而視，不見水端，於是焉河伯始旋⑥其面目，望洋向若⑦而嘆曰：「野語有之曰：『聞道百以爲莫己若者。』，我之謂也。且夫我嘗聞少仲尼之聞而輕伯夷⑧之義者，始吾弗信；今我睹子之難窮也，吾非至於子之門，則殆矣，吾長見笑於大方之家⑨。」

①望洋興嘆：比喻打開眼界後，發現自己十分渺小而感慨。

②涘ㄙ：水邊。

③渚ㄓㄨˇ：沙洲。

④崖：同「涯」，水岸邊。

⑤辯：同「辨」，分辨。

⑥旋：轉變。

⑦若：海神之名字，海若。

⑧伯夷：孤竹君之長子。商末，孤竹君欲立次子叔齊爲繼承人。但孤竹君死後，叔齊讓位給哥哥伯夷，伯夷不受，叔齊也不願爲君，二人悄悄離開國家，去投奔深得民心的西伯侯姬昌（周文王）。後來發現西伯侯已死，其子武王欲伐紂，二人反對伐紂，因而極力勸止。他們二人認爲武王滅商是諸侯伐君的不仁行爲，爲了守住效忠故國的名節，拒食周粟，采薇而食，餓死在首陽山。然而，封建社會將他們的行爲當作守節不移、效忠君主的典範。

⑨見笑於大方之家：即「貽笑大方」的成語出處，會被有學問的人所取笑。

貽：贈送，或通「遺」，遺留，如「貽患無窮」。

　　秋天時節，雨不停地下著，造成河水不斷上漲，千百條河流都注入黃河，水流之大，使黃河水面頓時加寬，兩岸及河中沙洲之間，遠遠望去，連牛馬都無法分辨，無法看清楚。於是河神欣然自喜，自滿起來，認為天下之壯美盡在於此。河神順著水流向東而去，來到北海邊，向東邊一望，看不見大海的盡頭。這時河神才改變先前洋洋自得的臉色，面對著海神若感慨地說：「俗語有這樣的說法：『聽過上百條道理，便認為誰都不如自己有學問。』說的就是我這樣的人。而且我還曾聽說有人認為孔丘的見聞算是少的，伯夷的作為不算清高的，剛開始我不相信這些言論；如今我親眼看到你是這樣浩瀚無邊，假如我沒有來到你的門前，那就糟了！我竟然如此無知，必定會被懂得大道的人所譏笑。」

寓言 ② 井底之蛙〈秋水〉

　　公子牟隱机大息，仰天而笑曰：「子獨不聞夫埳①井之
鼃②乎？謂東海之鱉曰：『吾樂與！出跳梁③乎井幹之上，入
休乎缺甃④之崖；赴水則接腋持頤，蹶泥⑤則沒足滅跗⑥；還視
虷⑦蟹與蝌蚪，莫吾能若也。且夫擅一壑之水，而跨跱⑧埳井
之樂，此亦至矣，夫子奚不時來入觀乎！』東海之鱉左足未
入，而右膝已縶⑨矣。於是逡巡⑩而卻，告之海曰：『夫千里
之遠，不足以舉其大；千仞之高，不足以極其深。禹之時十年
九潦⑪，而水弗為加益；湯之時八年七旱，而崖不為加損。夫
不為頃久⑫推移，不以多少進退者，此亦東海之大樂也。』於
是埳井之鼃聞之，適適然驚，規規然自失也。」

①埳井：淺井。

②鼃：蛙。

③跳梁：或作「跳踉」，即跳躍。

④缺甃：甃，磚瓦。缺甃，此處指井壁上有缺損的磚塊。

⑤蹶泥：蹶，用腳踢。蹶泥，意謂用腳攪動井底泥土。

⑥滅跗：淹沒腳背。

⑦虷：水中赤色小蟲。

⑧跱：盤踞。

⑨縶：絆住。

⑩逡巡：徘徊，遲疑不決之貌。

⑪潦：即澇，洪水。

⑫頃久：頃刻，指時間短暫或長久。

　　魏牟靠在茶几嘆息，抬頭朝天笑著說：「你沒有聽過淺井裡的青蛙的事嗎？青蛙對從東海來的鱉說：『我太享樂！我跳出井，在井邊圍欄上玩耍，一會兒又跳進井裡，在井壁的磚塊破損處休息。跳入水中時，井水淹到腋下並托住我的下巴，踏入泥裡時，泥水淹沒我的腳、蓋住我的腳背；回過頭看看，水中的那些蚊子幼蟲、小螃蟹和蝌蚪，都比不上我，沒有像我有這樣的享樂。而且我獨佔一井之水，在水中跳躍、盤踞的享樂，這是世上最大的享樂，你怎麼不進來我的井裡玩玩！』東海鱉的左腳還未能跨入淺井，右膝就已經被絆住。於是遲疑一陣子之後，又把腳退了出來，並把大海的情況告訴給淺井的青蛙，說：『用千里的遙遠，不足以形容東海的大；用千仞的高度，不足以窮盡東海的深。大禹的時代，十年中有九年發生水災，而海水並沒有因此而增多；商湯的時代，八年中有七年鬧旱災，而海水的水位也沒有因此而下降。海水不會因時間的長短而有所改變，不會因雨量的多寡而有所增減，這就是遨遊在東海的最大快樂。』淺井之蛙聽了這一席話，驚惶不安，茫然不知所措。」

寓言 3　以管窺天〈秋水〉

　　且夫知不知是非之竟，而猶欲觀於莊子之言，是猶使蚊負山①，商蚷馳河②也，必不勝任矣。且夫知不知論極妙之言而自適一時之利者，是非埳井之鼃與？且彼方跐黃泉而登大皇③，無南無北，奭然四解④，淪於不測；無東無西，始於玄冥，反於大通。子乃規規然而求之以察，索之以辯，是直用管窺天，用錐指地也，不亦小乎！子往矣！

①使蚊負山：叫蚊子去背負大山，比喻不可能的事。
②商蚷馳河：商蚷，即馬蚿、馬陸，多足小蟲，生長於陸地上，不會游水。
　　叫不會游泳的馬陸去渡河，比喻不可能的事。
③跐黃泉而登大皇：跐，即踩。黃泉，指地下。大皇，太皇，指天上。意謂上天下地，來去自如。
④奭然四解：奭然，即釋然，無拘無束。四解，即四面八方通暢無礙，不受侷限。

　　以你公孫龍的才智是不足以知道是與非的究竟，而你卻還想要去洞悉莊子的言論，這就像叫蚊子去背負大山，叫不會游泳的馬陸去渡河，必定不能勝任。你的才智不足以去瞭解極玄妙高深的言論，而你竟自滿於一時口舌辯論的勝利，這不就和淺井裡的青蛙一樣嗎？況且，莊子的言論高不可測，下可深至黃泉，上可登至蒼

天，不分南北，四面八方，通達無阻，深入不可知之境；不分東西，從幽深玄妙之境開始，再返回廣闊通達的大道。而你竟然想瑣碎地用分析和辯論去尋求眞理，這簡直像是用竹管去窺視廣大的蒼天，用錐子去測量渾厚的大地，不是太渺小嗎！你還是走吧！

寓言 4　無知的麻雀〈逍遙遊〉

　　有鳥焉，其名爲鵬，背若泰山，翼若垂天之雲，摶扶搖①羊角而上者九萬里，絕雲氣，負青天，然後圖南，且適南冥也。斥鷃②笑之曰：「彼且奚適也？我騰躍而上，不過數仞而下，翱翔蓬蒿③之間，此亦飛之至也。而彼且奚適也？」此小大之辯④也。

①扶搖：旋風。羊角亦爲旋風，疑爲古注文，誤植入正文。
②鷃ㄢˋ：鷃，麻雀。
③蓬蒿ㄏㄠ：野草。
④小大之辯；小眼界與大眼界的分辨。

　　有隻鳥，叫做鵬，大鵬鳥的背很高大像泰山，翅膀很大像遮蔽天空的雲，在地面不斷努力鼓動翅膀，乘著旋風，飛上九萬里的高空，穿越雲氣，背負青天，然後一路飛向南海。生活在水澤邊的小麻雀譏笑大鵬鳥說：「牠想飛去哪裡呢？我飛起來，不過十幾尺高就落下來，在蓬蒿野草之間輕輕鬆鬆地翱翔，這就是飛翔的最大享受。牠費那麼大的力氣，飛上空蕩蕩的高空、一無所有的天空，太不懂得享樂了，牠究竟想飛去哪裡呢？」小麻雀不瞭解大鵬鳥的鴻鵠之志，這就是小眼界和大眼界的不同啊！

寓言 ⑤　長壽的椿樹〈逍遙遊〉

　　小知不及大知，小年不及大年。奚以知其然也？朝菌不知晦朔①，蟪蛄②不知春秋，此小年也。楚之南有冥靈③者，以五百歲爲春，五百歲爲秋；上古有大椿者，以八千歲爲春，八千歲爲秋，此大年也。而彭祖乃今以久特聞，眾人匹之，不亦悲乎！

①晦朔：一個月，初一爲朔，最後一天爲晦，指一個月的時光。或譯爲一天的時光，朔爲白天，晦爲夜晚。

②蟪蛄：寒蟬，春生夏死，或夏生秋死。

③冥靈：冥海之靈龜，或譯爲樹名。

　　見識小的不瞭解見識大的境界，壽命短的不瞭解壽命長的經驗，怎麼知道是這樣呢？譬如：有一種菌類，朝生而暮死，所以不知道什麼是一個月，寒蟬是春生而夏死、或夏生而秋死，所以牠根本不知道什麼是一年，這就是「小年」。楚國南方，有一隻巨大的海龜，五百年對牠來說，就好像是一個春季，五百年對牠來說，就好像是一個秋季。上古時有一種椿樹，八千年對它來說好像一個春季，八千年對它來說好像一個秋季，這就是「大年」。堯的臣子彭祖活了八百歲，世人一提到長壽，都以爲彭祖的壽命最長，大家都拿他做標竿，這豈不令人悲嘆嗎？彭祖八百歲，對大海龜和椿樹來說，不也是「小年」嗎？

寓言 6　傲慢的陽子居〈寓言〉

　　陽子居①南之沛，老聃西遊於秦，邀於郊，至於梁而遇老子。老子中道仰天而歎曰：「始以汝爲可教，今不可也。」陽子居不答。至舍，進盥漱巾櫛②，脫屨③戶外，膝行而前曰：「向者弟子欲請夫子，夫子行不閒，是以不敢。今閒矣，請問其過。」老子曰：「而睢睢盱盱④，而誰與居？大白若辱，盛德若不足⑤。」陽子居蹴然變容曰：「敬聞命矣！」其往也，舍者迎將，其家公執席，妻執巾櫛，舍者避席，煬者避竈⑥。其反也，舍者與之爭席矣。

①陽子居：楊朱。

②櫛ㄐㄧㄝˊ：梳子。

③脫屨ㄐㄩˋ：脫掉草鞋。

④睢ㄙㄨㄟ睢盱ㄒㄩ盱：抬頭仰視，張目瞪人，形容傲慢神態。

⑤大白若辱，盛德若不足：黑辱，古字，黑色，清白但好像仍有汙垢要修爲，廣德但還覺得不夠仍須學習。《道德經》第四十一章：「上德若谷；廣德若不足；建德若偷；質德若渝；大白若辱；大方無隅。」崇高的德像是低下的河谷；廣大的德像是仍有不足之處；剛健的德像是怠惰的樣子；質樸的德像是混濁的樣子；最清白的德像是仍有黑垢；最方正的東西像是沒有稜角的樣子。

⑥煬ㄧㄤˊ者避竈ㄗㄠˋ：烤火的人讓開火爐。竈：灶。

陽子居往南到沛地去，正巧老子要到西邊的秦地，二人相約在郊外見面，到了梁地遇見老子。老子在途中仰天長嘆說：「起初我把你看作是可以教誨的人，如今才知道你不行。」陽子居沒回答。到了旅店，陽子居奉上盥洗用具梳子，把鞋子脫在門外，膝行向前說：「剛才弟子想請教先生，可是先生正在路途上不得閒，所以不敢冒然請教。如今先生空閒下來，請先生指出我的過錯。」老子說：「你仰頭張目，態度傲慢跋扈，誰敢跟你相處？真正清白的人，不自以為是，仍覺得好像還有缺點要學習；德行高尚的人，不自以為道德清高，仍覺得好像有不足之處要增進，人要謙虛向學。」陽子居聽了臉色大變，羞慚不安地說：「弟子由衷地接受先生的教誨。」陽子居剛來這旅店的時候，店裡的客人都來迎接，旅店的男主人親自為他安排坐席，女主人親手拿著毛巾梳子侍候他盥洗，旅客們見了他都得讓出座位，烤火的人見了他就遠離火爐。但是，陽子居向老子請教後，知道天高地厚，人變得謙虛，不再傲慢囂張。等到他離開旅店的時候，旅店的客人不再怕他，不再拘束，而是隨意地與他爭席位。

寓言 7 最大與最小〈秋水〉

　　河伯曰：「然則吾大天地而小毫末，可乎？」北海若曰：「否。夫物，量無窮，時無止，分無常①，終始無故②。是故大知觀於遠近，故小而不寡，大而不多，知量無窮；證曏③今故，故遙而不悶，掇而不跂，知時無止④；察乎盈虛，故得而不喜，失而不憂，知分之無常也；明乎坦塗，故生而不說，死而不禍⑤，知終始之不可故也。計人之所知，不若其所不知；其生之時，不若未生之時；以其至小求窮其至大之域⑥，是故迷亂而不能自得也。由此觀之，又何以知毫末之足以定至細之倪！又何以知天地之足以窮至大之域！」

①分ㄈㄣˋ無常：名分、得失無常。

②故：通「固」，不變。

③曏ㄒㄧㄤˇ：明白。

④故遙而不悶，掇ㄓㄨㄛˊ而不跂ㄑㄧˋ，知時無止：所以對未來遙遠的事，不納悶，對近處可掇取之事，我亦不強求，因為明白時間是沒有止盡的。

⑤生而不說ㄩㄝˋ（悅），死而不禍：生於人世不會倍感喜悅，離開人世不覺得是災禍。

⑥以其至小求窮其至大之域：以有限的生命想去窮盡無限的領域。

河神說：「那麼我把天地看作是最大，把秋毫之末看作是最小，可以嗎？」海神若回答：「不可以。萬物的數量是沒有窮盡，時間的推移是沒有止境，名分地位得失是無常，事物的終結和起始並非固定不變。所以具有大智慧的人觀察遠處或近處的一切事物，從不偏限於一方，不會因體積小就看作少，不會因體積大就看作多，這是因為知道事物的量是不可窮盡；能證驗及明白古今各種情況的道理，所以對未來遙不可及的事不感到納悶，對眼前的事也不強求，這是因為知道時間的推移是沒有止境；明察事物有盈虛消長的規律，因此當有所得不欣喜，當有所失也不憂煩，這是因為知道得與失是沒有一定；明瞭生死是人生必經之路，所以生於人世不會倍感歡喜，離開人世不覺是災禍，這是因為知道事物的終止和起始是不會固定不變。算算人所知道的東西，遠遠不及他所不知道的東西，生存在人世的時間，也遠遠不及不在人世的時間長；用渺小的生命與有限的知識去探究無窮的宇宙，必定會陷入迷亂而不可得！由此看來，如何能判定毫末是最細小的東西！又如何知道天地是最大的境域！」

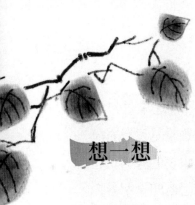

想一想

什麼人容易自以為是？

　　無知者易自大，就像學鳩笑鵬，鼠目寸光，夜郎自大，妄自尊大的井底蛙見識淺短，又缺乏自知之明，學到一點東西就自以為很行，自以為什麼都懂，卻不知外面世界，還有更多沒有學的東西。歌德曾說：「自滿是前進的障礙。」謙虛是學習的動力，能長見識，帶來成長。《尚書・大禹謨》：「滿招損，謙受益，時乃天道。」自滿的人會招來損害，謙虛的人會受到益處，得到別人的幫助，這是自然的法則。真正有學問者是謙虛的，深刻體會我們所「不知道的」遠比我們「知道的」多得多。《道德經》第八章：「上善若水。水善利萬物而不爭。」最高品格的仁像水一樣謙遜，水向低處流，而不爭居高處，有滋養萬物的美德，而不與萬物爭利，謙虛處下。

　　《道德經》第四十一章：「上士聞道，勤而行之；中士聞道，若存若亡；下士聞道，大笑之。不笑不足以為道。」有智慧的人聽了道能覺悟，能看清事物的本質，瞭解宇宙的真理，所以努力實行道的精神。中等智慧的人，只理解部分的道，覺得好像有些道理，但又沒有真正明白，半信半疑，在道與非道之間游移。淺薄的人，只看見事物的表象，不見本質，無法窺探大道，覺得荒謬而嘲笑道。至於不笑的人，完全無法體會大道。所以平時要多多開拓視野才能認識外在世界的真相。

　　此外，不以狹隘的個人角度觀物，要以道觀物。從大自然生態系統中，會發現我們的存在是受惠於外在眾多資源，我們不是最屬害的那

個，也不是最沒用的那個，大家都是個生命共同體，你的存在成就了我的貢獻，我的存在成就了你的無私。只要大家多關心別人，考慮別人的立場與感受，不矜功自伐，不仗恃有功勞而誇耀自己，那麼社會自然相安無事，和樂融融。

小眼界與大眼界的區分為何？

在〈逍遙遊〉中，小麻雀認為自己比大鵬鳥聰明，最懂得享受快樂而得意自滿，其實不同的物種有不同的屬性，無法去比較，更無須去譏笑、批評，而是要虛心學習，把自己的本份做好。水積不厚則無以浮大舟，風積不厚則無以展大翼，鯤與大鵬鳥志在四方，為了更高的眼界，積厚才能扶搖而上九萬里高空，這種不斷蛻變成長的積極精神值得效法。

《天地一沙鷗》（*Jonathan Livingston Seagull*）書中，海鷗強納生不認為海鷗飛翔目的只是為了飽食而已，牠不願當一隻在往返碼頭間或沙灘上，搶食麵包屑或小魚來果腹。牠認為飛翔之目的是能飛往更高的境界，致力於瞭解自己的特質及超越加諸自身的種種限制，找尋及實踐愛。為了尋找自己生命意義而努力，牠花很多時間練習飛翔技術，這種熱愛飛翔的精神，讓牠經歷的事情不同，眼界不同於一般海鷗。小眼界與大眼界究竟差別在哪？是心態使然？抑或是環境造成？對照簡表如下：

	小眼界	大眼界
視野	目光如豆，如井底之蛙	見識廣、歷練多，如大鵬鳥
處世態度	得過且過，不思成長	積極進取，向上提升
抱負理想	只看到眼前之事	看到事物背後潛藏的危險，並放眼未來，為理想而努力

我們不能只看到事物的表面，或只專注於眼前的好處或部分的利益，而忽略整體狀況及未來發展，好比井底之蛙。明代許仲琳《封神演義》第二十五回：「井底之蛙，所見不大；螢火之光，其亮不遠。」知識是活的，要時時充實自己，積極向學，取法鯤鵬之精神，才不會當井底之蛙，要看得遠、看得透，看到未來市場的趨勢，有先見之明。

隨手筆記 Notes

單元二

跳出成見的框框

在談話中，若人人心中都先有一個既定的答案，那麼，就不易聚焦而陷入話不投機半句多的窘境裡。人常受僵化固著的思維所困而不快樂，或阻礙人我互動關係，唯有拿掉成見的框框、去除自我中心，方能敞開心胸接納不同的聲音。莊子認為沒有絕對的價值判斷標準。《莊子・齊物論》：「方可方不可，方不可方可。因是因非，因非因是。」若自以為理性，對方也可理性地駁斥你。有一個理由成立時，也有可能會出現一個反對的理由。凡事有一體兩面，事物對立的兩個方面是相互存在，有所得必有所失，故無須比較出高下優劣，好好欣賞事物本然的樣子，各自恪守本份盡責努力，美麗的事自然會出現。

寓言 1 沉魚之美〈齊物論〉

　　民濕寢則腰疾偏死，鰍①然乎哉？木處則惴慄恂懼②，猨猴然乎哉？三者孰知正處？民食芻豢，麋鹿食薦，蝍蛆③甘帶，鴟鴉耆鼠④，四者孰知正味？猨猵狙以爲雌⑤，麋與鹿交，鰍與魚游。毛嬙麗姬⑥，人之所美也；魚見之深入，鳥見之高飛⑦，麋鹿見之決驟。四者孰知天下之正色哉？自我觀之，仁義之端，是非之塗，樊然殽亂⑧，吾惡能知其辯⑨！

①鰍ㄑㄧㄡ：同「鰍」，泥鰍。
②惴ㄓㄨㄟ慄ㄌㄧ恂ㄒㄩㄣ懼：恐懼。
③蝍ㄐㄧ蛆ㄐㄩ：蜈蚣。
④鴟ㄔ鴉耆ㄕㄧ鼠：貓頭鷹和烏鴉嗜好吃老鼠。
⑤猨ㄩㄢ猵ㄆㄧㄢ狙以爲雌：猵狙把雌猿當配偶。猵狙：一種長得很像猿猴的動物，頭像狗，身體像猿，又稱狗頭猿。猨爲猿的異體字。
⑥毛嬙ㄑㄧㄤ麗姬：此二者皆爲古代美人。毛嬙爲越王勾踐愛姬，麗姬爲晉獻公夫人。
⑦魚見之深入，鳥見之高飛：「沉魚落雁」成語之由來。
⑧樊ㄈㄢ然殽ㄧㄠ亂：雜亂混淆的樣子。
⑨辯：同「辨」，分辨。

人睡在潮濕的地方就會腰痛，甚至會釀成半身不遂，泥鰍會這樣嗎？人住在樹上就會顫抖、惶恐不安，猿猴會這樣嗎？人、泥鰍、猴子住的地方都不一樣，誰知道哪個住處才是標準、哪個才是世上最舒適的住處呢？人喜歡吃牛羊豬等家畜，麋鹿愛吃草，蜈蚣愛吃小蛇，貓頭鷹和烏鴉愛吃老鼠。這四類動物的口味不同，誰知道哪個口味才是標準，才是世間真正的美味呢？猿猴喜歡狗頭猿，麋喜歡追求鹿，泥鰍愛與魚交尾，牠們都喜歡同類的動物。毛嬙和麗姬是人們稱羨的美人，可是魚兒見了她們就躲到水底，鳥兒見了她們就驚嚇飛走，麋鹿見了她們撇開四蹄飛快逃離。人、魚、鳥和麋鹿四者，究竟誰才懂得欣賞天下真正的美色呢？審美的標準是絕對的嗎？有標準答案嗎？依我來看，仁與義的爭端，是與非的判斷，都各說各話，誰對誰錯，紛亂混淆，終日爭吵不休，我又如何知道它們之間的區別！

寓言 ②　越人紋身〈逍遙遊〉

　　宋人資①章甫②而適③諸越，越人斷髮文身④，無所用之。

① 資：賣。

② 章甫：禮帽。

③ 適：到。

④ 文身：紋身。

　　有一個宋國人到越國去販賣禮帽，預設立場，以為會賺很多錢，沒料到卻是誤判，到了越國才知道越國人剪短頭髮，身上刺青，不需衣冠，更用不著禮帽，所以貨都賣不出去，無功而返。

寓言 ③ 屠龍之技〈列禦寇〉

朱泙漫①學屠龍於支離益，單②千金之家③，三年技成而無所用其巧。

①朱泙ㄆㄥ漫：複姓朱泙，名漫。

②單ㄉㄢ：同「殫ㄉㄢ」，盡，耗盡。

③千金之家：千金的家產。

有一位姓朱泙名漫的人，向姓支離名益的人，慕名去學習屠龍之法，朱泙漫耗盡千金的家產，花了三年的工夫，終於學會了這種本事，原認為學會這種絕技，從此以後就能天下無敵了，但是世上並沒有龍，所以朱泙漫雖然學得屠龍之術，卻絲毫沒有用處，沒有機會表現他的技巧，因他的自以為是，執著己見，最後落得兩頭空。

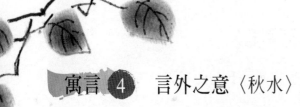

寓言 ④　言外之意〈秋水〉

　　河伯曰：「世之議者皆曰：『至精無形[①]，至大不可圍。』是信情乎？」北海若曰：「夫自細視大者不盡，自大視細者不明。故異便，此勢之有也。夫精，小之微也；垺[②]，大之殷[③]也；夫精粗者，期於有形者也；無形者，數之所不能分也；不可圍者，數之所不能窮也。可以言論者，物之粗也；可以意致者，物之精也；言之所不能論，意之所不能致者，不期精粗焉。」

①至精無形：最細小的東西，肉眼看不到其形體。
②垺ㄆㄡˊ：外城，形容巨大。
③大之殷：大中之粗大。殷為眾多之意。

　　河神說：「世人總是議論說：『最細小的東西是沒有形體可尋，最巨大的東西是不可用一定的範圍來限定。』這話是真實可信的嗎？」海神回答：「從小的觀點來看巨大的東西不能看到全面，從大的觀點來看細小的東西不能看得清楚分明。所以，物體大小雖相異，卻各有各的適宜之處，各有各的功用，這就是事物固有的態勢。精細，是小中之細小；巨大，是大中之粗大；所謂精細與粗大，僅限於有形的東西；至於沒有形體的事物，是不能用數量來細分或計算；巨大且不可限定範圍的東西，更不能用數量來計算。可

以用言語來談論的東西，是事物粗淺的外在表象；而必須用心意來傳達的東西，則是事物精細的內在實質。言語所不能談論的，心意所不能傳達的，也就不限於精細和粗淺的範圍了，不能從精粗的言論得知，而只能在言語之外去尋求了。」

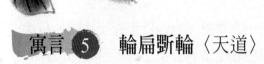

寓言 5　輪扁斲輪〈天道〉

　　桓公讀書於堂上，輪扁斲輪①於堂下，釋椎鑿而上，問桓公曰：「敢問，公之所讀者何言邪？」公曰：「聖人之言也。」曰：「聖人在乎？」公曰：「已死矣。」曰：「然則君之所讀者，古人之糟魄②已夫！」桓公曰：「寡人讀書，輪人安得議乎！有說則可，無說則死。」輪扁曰：「臣也以臣之事觀之。斲輪，徐則甘而不固，疾則苦而不入。不徐不疾③，得之於手而應於心④，口不能言，有數⑤存焉於其間。臣不能以喻臣之子，臣之子亦不能受之於臣，是以行年七十而老斲輪。古之人與其不可傳也死矣，然則君之所讀者，古人之糟魄已夫！」

①斲ㄓㄨㄛˊ輪：斲同「斫ㄓㄨㄛˊ」，雕斫，砍削木頭。
②糟魄：糟粕ㄆㄛˋ，釀酒時濾下的酒渣。喻無用之物。
③不徐不疾：斫輪時，力道要適中，不慢不快。疾：急。
④得之於手而應於心：手上做的和心裡想的相呼應。「得心應手」成語的由來。
⑤數：通「術」，技術。

　　齊桓公如往常在廳堂讀書，製作車輪的工匠名叫扁，輪扁心中一直很好奇為什麼桓公總是在看書，於是放下椎子鑿子等工具，走上堂去，向桓公問道：「請問您讀的是什麼書呢？」桓公說：「我

讀的是聖人寫的書。」輪扁問：「寫書的聖人還在世嗎？」桓公說：「早就死了。」輪扁說：「那麼您讀的是古人的糟粕，都是些沒有價值的東西！」桓公很生氣地說：「我在這邊認真讀書，你一個下人膽敢如此議論！你說個好理由，否則我就把你處死。」

輪扁回答：「請容臣以自己的工作來做比喻，臣要將車輪裝進車軸時，如果我的動作太慢，車輪的內圈會削得大些，那車軸必會鬆滑，不牢固；如果我的動作太快時，車輪的內圈會削得小些，那車軸必會卡住，裝不進去。只有在不慢不快時，才能製作出大小剛剛好的車輪，這完全需依賴熟練的技巧，手所做的事，要和心中意念相應合才可達成。這其中的技術，都是經驗的累積，無法用語言文字說得清楚。這些手藝我無法教導我的兒子，我的兒子也無法從我身上領會，所以我年將七十歲還在製作車輪。寫書的人和他那些難以言傳的絕技都已經消失了。所以，我才說您讀的是古人的糟粕而已！您還必須親身體悟反思才能領會出書中深意。」

至深至遠的道理是無法用簡單的語言文字所能道盡，若拘泥形式，勉強為之，恐有掛一漏萬之虞。知識是活的，隨著不同的成長歷練會有不同的感悟，故不要被現有的知識所侷限，要保持思考空間的開放。「知識」還須被人活用才能發揮其效益而變成「智慧」。教武術的師父，只能把招式教給你，而難以把他的內功傳給你。另外，讀書不應是照單全收，並非所有的權威說法皆可奉為圭臬，也要有自己的反思，長久以來，君王就是利用科舉制度來控制讀書人的思想。讀書貴在領悟，這對知識才會有所啟迪、創新，打破知識的框架，超越原有的知識。

寓言 6 物無貴賤〈秋水〉

河伯曰：「若物之外，若物之內，惡至而倪①貴賤？惡至
而倪小大？」北海若曰：「以道觀之②，物無貴賤；以物觀
之③，自貴而相賤；以俗觀之④，貴賤不在己。以差觀之⑤，因
其所大而大之，則萬物莫不大；因其所小而小之，則萬物莫
不小；知天地之為稊米⑥也，知毫末之為丘山也，則差數覩⑦
矣。」

①倪 ²：端倪，區分。

②以道觀之：從自然的常理來看。

③以物觀之：從萬物本身來看。

④以俗觀之：從世俗價值來看。

⑤以差觀之：從物與物之間的差別來看。

⑥知天地之為稊 ²米：天地雖大，但比起更大的東西來，天地就好像是小小
　的米粒。稊：類似稗 ²，水稻田中的雜草，開花結實成穗狀，不可食用。

⑦覩 ²：「睹」的古文，看見。

河神說：「從事物的外表，或從事物的內在，究竟應該從哪裡來區分它們的貴賤？又該從哪裡來區分它們的大小？」海神回答：「從自然的常理來看，萬物本來就沒有貴賤的區別；從萬物自身來看，物各以自己為貴，而相互以對方為賤；從世俗價值來看，貴賤不在於事物自身，而是被外在的評價所決定。從物與物之間的差別來看，循著各種物體大的一面，把它視為大，只要拿比它小的物體做比較，那麼萬物就沒有什麼不是大的；循著各種物體小的一面，把它視為小，只要拿比它大的物體做比較，那麼萬物就沒有什麼不是小的：瞭解天地雖大，但比起更大的東西來，例如：天地和銀河系，天地就好像是小小的米粒，瞭解毫毛之末端雖小，但比起更小的東西來，例如：毫毛和細菌相比，毫末就好像一座高大山丘，如此一來，萬物差別的相對性也就能看得清楚了。」

寓言 ⑦　師心自用〈人間世〉

　　顏回曰：「端而虛，勉而一，則可乎？」曰：「惡！惡可！夫以陽為充孔揚，采色不定，常人之所不違，因案人之所感，以求容與其心。名之曰日漸之德不成，而況大德乎！將執而不化①，外合而內不訾②，其庸詎可乎！」「然則我內直而外曲，成而上比。內直者，與天為徒。與天為徒者，知天子之與己皆天之所子，而獨以己言蘄③乎而人善之，蘄乎而人不善之邪？若然者，人謂之童子，是之謂與天為徒。外曲者，與人之為徒也。擎跽曲拳④，人臣之禮也，人皆為之，吾敢不為邪！為人之所為者，人亦無疵焉，是之謂與人為徒。成而上比者，與古為徒。其言雖教，讁之實⑤也。古之有也，非吾有也。若然者，雖直不為病，是之謂與古為徒。若是則可乎？」仲尼曰：「惡！惡可！大多政法而不諜⑥，雖固亦無罪。雖然，止是耳矣，夫胡可以及化！猶師心⑦者也。」

①執而不化：固執而不受感化。

②外合而內不訾：外表附合而內心並不採納。此處訾通「資」，取，採納。

③蘄：求。

④擎跽曲拳：執笏，大臣上朝時拿的手板、跪拜、曲身抱拳鞠躬。

⑤譴_{くり}之實：指責的實據。

⑥課_{くち}：妥當。

⑦師心：以自心爲師，自以爲是，執著自己的成見。

顏回說：「外表端莊而內心謙虛，努力做事且意志專一，這樣可以嗎？」仲尼說：「唉！怎麼可以！衛君剛猛跋扈，性情驕縱，喜怒無常，平常人都不敢違逆他，他藉此壓抑封住別人想對他說的勸諫，以求自己稱心快樂。可以說，這種人即使每天用小德逐漸去感化他，都不能成功，何況用大德來規勸他！他固執己見而不受感化，表面雖然附和你，但內心根本不會採納你的意見，你的想法怎麼會有用！」

顏回說：「那麼我改用內心正直，外表曲從，和借用古人說法等三種方式來影響衛君。所謂內心正直，就是『與自然同類』。與自然同類的人，知道國君與我都是稟受於自然，所以我所說的話何必求別人來稱讚我，何必求別人不來指責我呢？如此，就不會在乎別人喜歡或不喜歡自己，像這樣的人，人稱有赤子之心，這就叫與自然同類。所謂外在曲從，就是『與一般人同類』，執笏、跪拜、鞠躬，這些是做人臣的禮節，大家都這麼做，我豈敢不這麼做！做大家所做的事，別人也就無從指責我，這就叫與一般人同類。所謂引用古人的說法，比附古人，跟從古人行事，是指『與古人同類』。我所引用的雖然是說教，但這些諫言都是有根據的，是古時候就有的，不是我造出來的。像這樣，雖然言語直率也不會遭人詬病，這就叫與古人同類。像這樣可以嗎？」

仲尼說：「唉！這怎麼可以！太多糾正的方法並不妥當，這些方法雖然固陋，倒也可免於得罪國君。雖然如此，也不過僅此而已，怎麼可以達到感化勸諫國君之目的呢！你太師心自用，自以為是，太執著於自己的成見，太刻意作為了。」

　　夢飲酒者，旦而哭泣；夢哭泣者，旦而田①獵。方其夢也，不知其夢也。夢之中又占其夢焉，覺而後知其夢也。且有大覺而後知此其大夢也，而愚者自以為覺，竊竊然②知之。君乎，牧乎，固哉！丘也與女，皆夢也；予謂女夢，亦夢也。是其言也，其名為弔詭③。萬世之後而一遇大聖，知其解者，是旦暮遇之也。

①田：畋 ㄊㄧㄢˊ，打獵。
②竊竊然：明察的樣子。
③弔 ㄉㄧㄠˋ詭：荒唐怪異。

夢見飲酒作樂的人，天亮醒來後，或許會遇到不如意的事而哭泣；夢見痛哭流涕的人，天亮醒來後，或許會有一場去打獵的快樂。當人在夢中，並不知道自己是在做夢。睡夢中還會占卜所做之夢的吉凶，醒來以後方知是在做夢。只有非常清醒的人才知道人生也是一場大夢，而愚昧的人卻自以為清醒，好像什麼都明瞭，什麼君尊民卑，這種觀念實在是固執淺陋啊！孔丘和你都是在做夢，我說你們在做夢，其實我也在做夢。上面講的這番話，眾人聽了會覺得荒唐怪異，我給它取個名字叫做「弔詭」。也許萬世之後，遇上一位大聖人，能體悟出上述這番話的道理，但這恐怕會是偶然發生，可遇不可求。

寓言 ⑨ 存而不議〈齊物論〉

夫道未始有封①，言未始有常②，爲是而有畛③也，請言其畛：有左，有右，有倫，有義，有分，有辯，有競，有爭，此之謂八德。六合之外，聖人存而不論④；六合之內，聖人論而不議⑤。春秋經世先王之志，聖人議而不辯⑥。故分也者，有不分也；辯也者，有不辯也。曰：何也？聖人懷之，眾人辯之以相示也。故曰辯也者，有不見也。

①道未始有封：大道未曾有封界、界限，未曾有彼此的分別。
②言未始有常：言論未曾有定見、定準，未曾有是非優劣的標準。
③畛ㄓㄣ：界限。田間的小路，用來劃分界限。
④六合之外，聖人存而不論：六合，天、地、東、西、南、北。塵世之外的事，聖人存在心中，但不談論研究。
⑤六合之內，聖人論而不議：塵世之內的事，聖人談論但不評議。
⑥春秋經世先王之志，聖人議而不辯：對於歷史、治世法則、先王事蹟，聖人評議但不爭辯。

大道未曾有過彼此之分，言論更沒有一定的標準，只因人人自以爲是，爲了爭一個「是」，而劃分出各種的界限。請讓我說說這個界限：有左，有右，有次序，有等第，有分別，有辯駁，有競賽，有爭鬥，這就是訂定界限的八種表現方式。塵世之外的事，聖人是存在心中而不談論；塵世之內的事，聖人雖談論卻不評議。史

035

書上所記載先王治世的事蹟，聖人雖有所評議卻不爭辯。天下事理有分別，就有不能分別的；有能辯論的，就有不能辯論的。有人會問，這是爲什麼呢？聖人把事物存於心中，而默默體認一切事理，因爲他瞭解事物有多面性，不是絕對的。然而一般人卻爭辯不休，不斷向外誇耀自己的才智，所以說好爭辯的人，總因爲有自己所看不見的一面，只看到自己對的地方，而看不到自己錯的地方；只看到別人錯的地方，而看不到別人對的地方。

隨手筆記 Notes

「美」有一定的標準嗎？

　　沒有絕對的價值評判標準，因為物種間的差異是天壤之別，難以定高下。人與人之間亦是千差萬別，各有千秋，無法異中求同，找到一個共同的標準，就拿吃的口味來說，有人偏愛麻辣食物，有人對甜食情有獨鍾，有人卻無酸不歡，究竟哪一種口味才是天下無敵的好滋味？其實，答案就在個人心中，不可一概而論啊！

　　在希臘神話金蘋果事件（Golden Apple of Discord）中，一場由天神宙斯（Zeus）主持的婚宴中，邀請眾神參加，但引發糾紛不和的女神厄里斯（Eris）未被邀請，她覺得被排擠而想報復，不請自來，並在客人中，留下一個碩大的金蘋果，上面刻有希臘字「獻給最美的女人」，當場有三位女神都認為自己最美而爭吵不休：天后赫拉（Hera），戰爭女神雅典娜（Athena）、愛與美女神阿芙羅黛蒂（Aphrodite），她們捲入爭奪最美女神封號的糾紛中，要求宙斯評判誰可以獲得金蘋果。然而，宙斯認為凡間有一位在艾達山上牧羊的特洛伊（Troy）王子帕里斯（Paris）是最合適的裁判人選。於是，三位女神前往艾達山，請帕里斯王子評判。為了得到這個金蘋果，三位女神分別以權力、榮譽和美女作為交換條件，帕里斯為了想得到凡間最美的女人斯巴達（Sparta）王后海倫（Helen），就將金蘋果給了阿芙羅黛蒂。在阿芙羅黛蒂的協助下，帕里斯誘走王后海倫。斯巴達人非常生氣就組織了希臘聯軍，遠征特洛伊城，天上的眾神也分成兩派來幫助廝殺，經過了十年戰爭，希臘聯軍戰勝且摧毀了特洛伊城。為了爭奪最美的封號而各出奇招私下賄賂，為了得到絕世美女而生靈塗炭，帶來空前的浩劫。

究竟追求外在美麗的代價，滿足一己之私，是福祉？還是禍水？再者，柏拉圖在《對話錄》〈大希庇阿斯〉中，敘述蘇格拉底與希庇阿斯的辯論。蘇格拉底問：「什麼是美？」辯論結果是蘇格拉底認為：「美是難的。」美很難用絕對的字詞來定義，美是多面向的，美的東西是相對的，會隨著人對現實的審美關係而變化。

美不是絕對的，故不要執著於某個定見。美有多面性，隨著時空不同，對美的感知也大異其趣，例如：《詩經·衛風·碩人》中，勾劃出衛莊公夫人莊姜的美：「手如柔荑，膚如凝脂，領如蝤蠐，齒如瓠犀，螓首蛾眉，巧笑倩兮，美目盼兮。」手指纖細如柔嫩小茅芽，皮膚白皙如凝脂，脖子美麗像天牛的幼蟲既修長又色白，牙齒像葫瓜籽白又齊，額頭豐滿眉彎細，迷人的笑靨真漂亮，美麗的眼睛流露真情。那麼，究竟什麼才是「美的化身」？眉如柳葉？還是眉如遠山橫？眼若水波媚，抑或是美豔的電眼女神最美？如果制訂一套審美的評分標準，那麼選出的美女就都是一個模子，缺乏個人的靈秀之氣。法國思想家儒貝爾說：「美！這是要用心靈的眼睛才能看到的東西。」那是一種觸動，是主觀的心理感受，這無形的東西難以用一套客觀標準來涵蓋。

有競爭才有進步嗎？

《道德經》第三章：「不尚賢，使民不爭。」不去刻意標榜頭銜，那麼人民就不會為了爭名而不相讓。現代很多人為競爭而競爭，例如：有些參加選美的佳麗暗地裡相互較勁，無所不用其極地要求自己近乎完美，又給自己一大堆不能輸的理由，參賽壓力之大，豈是主辦單位最初用意？喜歡與人比較是個無止盡的過程，山外有山，人外有人，強中自

有強中手，沒有絕對的、永不敗的冠軍。這屆冠軍的產生只是時間中某一點的相對性比較下的結果，或許在這地球行星某個角落仍有個曠世奇才棄權較量，所以就算是贏得世界冠軍也不能代表絕對的天下無敵手。

多向內看，而非外求，非為競爭而競爭，非為滿足虛榮心而競爭。打敗別人並不是比賽之目的，其真正的精神在找出一個學習典範，供人學習傚尤，並從過程中「更認識自己」，瞭解自己是精益求精的先決條件，是亙古不變的至理箴言，早在古希臘，德爾菲（Delphi）小鎮中阿波羅太陽神殿（Temple of Apollo）的門楣上就刻有「認識你自己 know yourself」的希臘文，提醒世人內省的重要。藉由閱讀書籍、與人討論、與人切磋的過程中，在在幫助我們看清自己要什麼？缺什麼？什麼太多？什麼不對？避免人生走錯方向、白忙一場，或有遺珠之憾。

萬物是否有貴賤之別？

富人一定高貴嗎？窮人一定低賤嗎？富人一定比窮人快樂？窮人一定比富人忙碌？其實，高低大小是相對的，取決於觀看者的位置與心態，例如：從屋內看屋外，從屋外看屋內，亮度不同，感覺不同，價值不同。雖然職業分配就像金字塔，高處只有少數人，但大家可以各在自己的領域發光發熱，行行出狀元，眾生還是平等地有價值。內在才是最重要的，自己如何看自己，別人才會如何看自己。有了自信心才能影響別人，幫助別人，也接受別人的幫助，共存共榮關係中沒有貴賤之別。

〈齊物論〉：「天下莫大於秋毫之末，而泰山為小；莫壽於殤子，而彭祖為夭。」若說天下萬物沒有什麼比秋天長出的兔毛尖端更大的，假設世上沒有任何東西比秋毫大，若這句話成立，那麼就是說連泰山都變成是小的東西了；若說世上沒有什麼比夭折的孩子更長壽的，那麼就是說連彭祖也變成是短命的。這是一種詭辯，拿

去大小與夭壽的相對觀念。想想在空間上有絕對的大小嗎？時間上有絕對的前後嗎？人也無法知道確切的答案。自己的前提一定是絕對正確的嗎？若無法證實，那麼何不放下爭辯與比較。天下之物，即便小如秋毫之末，也莫不認為自己是最大的，由它看出去，泰山也是小的，因泰山還在它視野之中。殤子與彭祖的關係也一樣，夭折的嬰兒壽命短，但只要他還活著，在他看來，以往活了八百歲的彭祖還是短命的，因為他還活著，而彭祖已經死了。莊子將時空界線破除，換個角度視野就不同，心境也就不同。

大小是比較出來的，非絕對的，故不要執著，就好像雨滴對人來說是小的，但對小蟲來說是大的。只有在特定的關係中，大與小，有用與無用才有區別。此外，我們是有限的，難以做到全知全能，任何一個認識都只能說明一個現象，並非絕對的真理，隨著知識的累積，可能會有一些修正或擴充，故不要執著，勿固守一點，宜與時俱進，保有改變的彈性空間。

智慧的成長除了靠體悟與反思，還須去除成見，去除刻板印象，譬如：貪官一定會草菅人命？清官一定會使百姓受惠？恐怕這是刻板印象！劉鶚在《老殘遊記》十六回評論道：「贓官可恨，人人知之；清官尤可恨，人多不知。蓋贓官自知有病，不敢公然為非；清官則自以為不要錢，何所不可，剛愎自用，小則殺人，大則誤國。」公正不阿的清官也可能是酷吏，嚴刑峻罰，不通情理，又若一個政策失誤，損失豈止是虧空財庫，也可能辱國喪權。故不要被成見的框框所限，也不要只看到事物的表象或部分，有很多情況是金玉其外，敗絮其內，須看清事物的實質內涵，去除成見才是首要條件。

什麼是眞正的智慧？（眞知之知）

　　無知者常被自己現有的知識所蔽障而自以爲是。〈齊物論〉：「夫隨其成心而師之，誰獨且無師乎？」若溝通時，大家都各以各的成見當標準的話，那麼誰會沒有自己的主觀標準呢？知識的本質及生命的眞理是沒有人爲的標準答案，因爲生命是循環的，是生成變化的，時時刻刻都在消長，沒有標準答案，故不必執著。放下人爲的標準答案，不要永遠在問問題，永遠在找答案。尋求頓悟修習，智慧自然會由心生起。

　　人類的智慧本是生存的能力，知識無罪，而背後操縱知識的人心才是問題的本源。爲了私心，將欲望包裝在知識裡，藉由各種傳媒不斷放送，催眠消費者，帶來了無窮的煩惱，所以要返回本眞，傾聽自己內在的聲音，去除人爲知識的蔽障。判斷是認知的一種。如何讓判斷接近眞知？如何不被先前的知識所影響？如何不被先前理解所侷限？如何去除武斷的附加價值？在尋求眞理的過程中，不要讓外在價值觀把我們的心給框住，要讓意識流比較空靈，專注當下經驗，如此心智與情緒就不會被外物所干擾、迷惑，才會回歸到生命的本質，即「道」。

單元三

消除勞頓的心神

網路上流傳著一個小故事：有一位學者搭船過河，在船上因為無聊，就與船夫閒聊起來。學者問船夫：「你學過數學嗎？」船夫回答：「沒有。」；不料，學者說：「太可惜啊！那你等於失去四分之一的生命，那你學過哲學嗎？」船夫尷尬地說：「也沒有。」；學者搖搖頭說：「唉！那你等於失去一半的生命，多可惜啊！那你有沒有吃過燕窩？」船夫尷尬地說：「沒有。」；學者嘆口氣說：「真是遺憾啊！那是人間美味！」忽然，一陣狂風吹來，船在河中央搖晃不已，眼看就要翻覆；此時，船夫緊張地問：「你學過游泳嗎？」學者惶恐地回答：「沒有。」船夫感嘆地說：「唉！那你將失去全部的生命了。」在你的人生中，什麼是最重要的？長久以來，你都在追求什麼？或者你總是渾渾噩噩過日子？你曾想過：什麼東西若失去，會讓你回不去而遺憾終生？甚至危害生命？

寓言 1　吾生也有涯〈養生主〉

　　吾生也有涯，而知①也無涯。以有涯隨無涯，殆②已；已③而爲知者，殆而已矣。爲善無近名，爲惡無近刑。緣督④以爲經，可以保身，可以全生⑤，可以養親⑥，可以盡年⑦。

①知：追求知識的欲望。
②殆：疲困，危險。
③已：此，如此。
④緣督：緣，沿著，順著。督脈，身後的中脈，有位而無形，比喻中虛之道。
⑤全生：保全天性。生，通「性」。
⑥養親：精神，身體上的至親。
⑦盡年：不損健康，享盡天年，享有自然所賦予的年壽。

　　人的生命是有限的，而求知的欲望卻是無限的。如果以有限的生命想要去窮盡無限的欲望，那麼終身都會很疲困，這樣做是很危險的；既然知道這是危險，而又汲汲營營竭盡所能去追求，那就會使自己更加疲困不堪。善養生者，不追求外在的虛名，不善養生者，也不去傷生損性。刻意地爲善與爲惡都屬偏執，應順自然之中道、中虛之道行事，以此做爲處世之常法，如此一來就可以保健身體，保全天性，保養精神，享盡天年了。

寓言 ②　羊不見了〈駢拇〉

　　自三代以下者，天下莫不以物易其性矣。小人則以身殉利，士則以身殉名，大夫則以身殉①家，聖人則以身殉天下。故此數子者，事業不同，名聲異號，其於傷性以身為殉，一也。臧與穀二人相與牧羊而俱亡②其羊。問臧奚事，則挾筴③讀書；問穀奚事，則博塞④以遊。二人者，事業不同，其於亡羊均也。

①殉：為了達成某種目的而犧牲生命。
②亡：丟失。
③筴ㄘㄜˋ：「策」的異體字，書簡。
④博塞：即博弈，一種擲骰ㄕㄞˇ子的遊戲。

自從夏商周三代以來，天下人沒有不因為物欲而擾亂本性。例如：小人為了利而捨棄健康、丟掉性命；讀書人為了名而丟掉性命；大夫為了保全他的家族而丟掉性命；聖人為了保全天下而丟掉性命。這些人所做的事雖不同，所得的名聲稱謂也不同，但追究起來，傷害本性，犧牲自己性命卻是一樣的。臧和穀二人都是去牧羊，都弄丟了羊。有人問臧說：「你為什麼會弄丟了羊？」臧說：「我手臂夾著竹簡書，一邊看羊，一邊讀書，但看得入神，而不知羊走失。」有人問穀說：「你為什麼會丟了羊？」穀說：「我在草地上與人賭博，太專注在擲骰子，羊就走失了。」臧和穀二人，弄丟羊的理由雖不同，但丟掉羊的結果卻是相同的。

寓言 ③ 善待身體〈至樂〉

　　夫天下之所尊者，富貴壽善也；所樂者，身安厚味美服好色音聲也；所下者，貧賤夭惡也；所苦者，身不得安逸，口不得厚味，形不得美服，目不得好色，耳不得音聲；若不得者，則大憂以懼①。其爲形也，亦愚哉！夫富者，苦身疾作②，多積財而不得盡用，其爲形也亦外③矣。夫貴者，夜以繼日④，思慮善否，其爲形也亦疏矣。人之生也，與憂俱生⑤，壽者惛惛⑥，久憂不死，何苦也！其爲形也亦遠矣。

①若不得者，則大憂以懼：假如得不到喜歡的東西，就大爲憂愁，甚至恐懼。

②夫富者，苦身疾作：富有的人，勞累身體，焦急地拼命工作。

③其爲形也亦外：這樣對待身體也就太見外了，不夠親近。

④夜以繼日：放棄晚上的睡眠而繼續白天的工作。

⑤人之生也，與憂俱生：人活在世間，與憂愁共存，無法避免。

⑥惛惛：即惛惛，昏沉。

　　世人所尊崇的，是富有、顯貴、長壽和美名；所喜歡的，是身體的安適、豐盛的美食、華麗的服飾、絢麗的色彩和動聽的樂聲；所鄙視的，是貧窮、卑微、短命和惡名；所苦惱的，是身體不能得到安逸、口裡不能吃到濃厚美味、外形不能穿上華麗的服飾、眼

睛不能看到絢麗的色彩、耳朵不能聽到悅耳的樂聲；假如得不到這些東西，就大為憂愁，甚至恐懼，這樣對待身體，不也太愚昧啊！富有的人，勞累身形，拼命工作，積蓄許多財富卻不能全部享用，這樣對待身體也就太見外了。顯貴的人，夜以繼日，放棄晚上的休息，繼續白天的工作，苦苦思索分析對策的好壞，怎樣才能保全權位和厚祿，這樣對待身體也太疏忽了。人活在世間，與憂愁共存，長壽的人終日糊糊塗塗，長久憂患著如何才能不死，何其苦惱啊！這樣對待身體也太疏遠了。

寓言 ④ 沉迷外物失去真我〈齊物論〉

　　百骸①、九竅、六藏，賅②而存焉，吾誰與為親？汝皆說之乎？其有私焉？如是皆有為臣妾乎？其臣妾不足以相治乎？其遞相為君臣乎？其有真君③存焉？如求得其情與不得，無益損乎其真。一受其成形，不亡以待盡。與物相刃相靡④，其行盡如馳，而莫之能止，不亦悲乎！終身役役而不見其成功，苶然⑤疲役而不知其所歸，可不哀邪！人謂之不死，奚益！其形化，其心與之然，可不謂大哀乎？人之生也，固若是芒乎？其我獨芒，而人亦有不芒者乎？

①骸ㄏㄞˊ：骨骼、骨頭。

②賅ㄍㄞ：具備齊全。

③真君：對自己而言，真正的君主，真正的管理者，真我，本心，指精神意志。

④與物相刃相靡ㄇㄧˊ：與外物相互較勁摩擦。

⑤苶ㄋㄧㄝˊ然：疲倦。

以人體來比喻，我們的身體具備上百個骨頭，九竅，六臟，而我跟以上哪一個身體部位最為親近呢？你對自己身體的每個部位都喜歡嗎？或者對其中某一部位特別偏愛呢？或者你一視同仁，平等看待這些身體部位，那麼，它們就都成了臣妾？臣妾間就誰也不服從誰；或者它們輪流當君臣呢？彼此輪流支配對方；還是在臟腑之外另有一個「真君」存在？無論你知道或不知道它，對它存在的真實性都不會有所增加或減少。

　　人一旦稟受自然，吸收天地之氣而有了形體，但卻常常不順著自然變化，以盡天年。我們與外物相互摩擦，相互傷害，馳騁追逐外物而停不下來，這不也很可悲！終身被外物役使而忙碌不已，卻看不到成功，內心沒有快樂，一輩子疲憊困苦，卻不知道要回歸自身，不好好愛自己，這不也很悲哀！這種人就算不死，又有什麼意思及好處！人的形體變化會逐漸衰老枯竭，若精神也跟著一起枯竭，這能不算是生命中最大的悲哀嗎？人生在世，原本就有像這樣的矛盾迷茫嗎？還是只有我才這麼矛盾迷茫，而別人也有不矛盾迷茫的嗎？難道只有我有這樣的體悟，而別人沒有這樣的體悟嗎？有誰能做到不汲汲營營地生活？勞心傷身，人不斷地被欲望牽著走，不斷地讓精神耗損，日積月累，身體怎堪承受？

寓言 5　惠施耗盡精神〈德充符〉

　　道與之貌，天與之形，無以好惡內傷其身。今子外乎子之神，勞乎子之精，倚樹而吟，據槁梧而瞑①。天選子之形，子以堅白②鳴！

①據槁梧而瞑ㄇㄧㄥ：倚靠在枯槁的梧桐樹下睡眠。

②堅白：公孫龍《堅白論》提出「白馬非馬」和「離堅白」，辯論石之白色與石之堅質都獨立於「石」，認為萬物可相離。惠施則主張「合同異」，萬物合一。

　　大道賦予人容貌，上天賦予人形體，人不要因沉迷於外物而患得患失，喜怒無常而傷害身心健康。惠施，如今你的心神向外追逐，耗盡你的精神，你倚靠樹旁，疲於辯論，辯論累壞了，就靠在枯槁的梧桐樹下休息。天賦予你的形體，你卻以離堅白的詭辯而自鳴得意，爭辯求勝，這實在有礙身心和諧，傷生損性。

寓言 6　討厭足跡的人〈漁父〉

　　人有畏影惡跡[①]而去之走者，舉足愈數而跡愈多，走愈疾而影不離身，自以為尚遲，疾走不休，絕力而死。不知處陰以休影[②]，處靜以息跡，愚亦甚矣！

①畏影惡跡：畏懼自己的影子和討厭足跡。
②處陰以休影：只要走到陰暗處影子就會消失。

擦乾淨、擦乾淨

有人畏懼自己的影子，厭惡自己的足跡，爲了拋棄它，便快步跑起來。可是跑得越快，腳印越多，影子追得越緊。他還以爲是自己跑得不夠快，於是拼命地跑不停，終於力竭而死。他不知道只要走到陰暗處影子就沒了，只要坐著不走，腳印也就沒了，眞是愚昧啊！

　　若遇到問題就焦慮，不斷向外歸因，瞎忙起來，不成功就加碼，自己不斷地在強化問題，陷入惡性循環中，殊不知整個問題的方向是錯誤的，問題沒被解決，人也耗竭，兩敗俱傷。其實，問題很簡單，只要停下來，靜下心，回到問題的根源就能看到答案了。

寓言 7 不陷入物欲中〈應帝王〉

　　有虞氏不及泰氏。有虞氏，其猶藏仁以要人；亦得人矣，而未始出於非人①。泰氏，其臥徐徐，其覺于于②；一以己為馬，一以己為牛；其知情信，其德甚真，而未始入於非人③。

①未始出於非人：貪戀外物，未能超出物欲之外。
②其臥徐徐，其覺于于：睡時放鬆安適，醒時無憂無慮。
③未始入於非人：從未陷入物欲之中，不受外物的牽絆。

　　有虞氏比不上泰氏。有虞氏以標榜仁義來籠絡人心，雖獲得百姓的擁戴，但他還未能超脫出物欲之外。泰氏睡臥時放鬆安適，醒來時無憂無慮；任人把自己稱為馬，任人把自己稱為牛；他的才智信實，他的德行純真，而且從不陷入物欲之中，不受外物的牽絆。

寓言 8　不繫之舟〈列禦寇〉

　　巧者勞而知者憂，無能者無所求，飽食而遨遊，汎若不繫之舟①，虛而遨遊者②也。

①不繫之舟：沒有被繩子拴住的船隻，比喻自由自在的身心。
②虛而遨遊者：心境虛無而自由遨遊的人。

　　愛用智巧的人操勞多心，耍小聰明的人焦慮不安，然而不刻意作為，不取巧不投機的學習者是不貪求，填飽肚子後無拘無束地遨遊，像是沒有被繩子拴住的船隻，在水面上自由泛舟悠遊，這才是心境虛無而自由遨遊的人。

想一想

人類的欲望永遠無法被滿足嗎？如何不被貪欲所役使？

童話故事裡常出現小孩因貪心抓過多糖，不肯放手而手在糖罐中卡住了。長大後讀小說，情節裡屢屢涉及貪圖名利而迷失自己的橋段，戲如人生，物質欲望無限擴張，永遠不嫌多，像個無底深淵。《茶花女》中指出錢是好僕人，也是壞主人。無庸置疑，人若貪婪就會變成錢的僕人而失去了自我。

你要做不滿足的窮人？還是要做感恩的富人？「吾生也有涯，而知也無涯。」與其想窮盡天下知識，不如因應生活所需，活到老，學到老，不貪多，不貪快，自然而然享受學習的樂趣，這樣，壓力就不會太大。精神上的快樂遠勝於物質金錢上的享樂，伊比鳩魯曾指出我們一切的追求和規避都開始於快樂，又歸回快樂。所以問問自己：你真的快樂嗎？其實，放下即擁有，只要心念一轉，處處皆可得，快樂就在你身邊。

生活越忙碌就越充實嗎？如何避免瞎忙？

越沒有安全感的人，越想藉由外在表現來得到別人的肯定，越在乎別人的眼光，越會患得患失，擔心沒有被肯定，擔心沒有被稱讚，於是「擔心」被時間累積成「累」，被想像轉變成「怕」，身心不斷空轉，最後精力耗損，信心也流失了。〈齊物論〉：「終身役役而不見其成功，苶然疲役而不知其所歸，可不哀邪！」看似生活充實，有忙不完的事，其實，內心空虛，覺得自己被淘空，才會不斷在填補，不斷地給自己填充物，來增加自己的價值感。生存本身就是一

種欲望，本來就要有所努力，但過度失衡就是個迷思，就是強求。

「其溺之所爲之，不可使復之也。」若人一直沉溺於各種追逐勝利的場景中，終究不能自拔，無法恢復純眞本性。養生在養性、養心。要清楚區分自己的「需要」與「想要」，瞭解自己眞正需要是什麼，什麼適合自己？質重於量，過有意義的生活，凡事量力而爲，過多欲望會傷身傷神，貪欲生憂，養生之道在「適可而止」，不可爲了名利過度操勞，有些事不可逆，是回不去的，累出問題就難以挽救。

單元 四

瞭悟生死的執迷

　　人活著的時間與歷史洪流相比，只不過是天地間的一粒沙，成住壞空、生老病死是自然的過程，人終究會有盡頭，一旦接受這事實，才能坦然豁達面對人生。面對未來的各種考驗，我們要如何因應？計畫趕不上變化，生死問題更是高深不可測，不要太早下定論，也不必過度擔憂，未來不可測，能掌握的只是當下，真心誠意過日子，安之若命。

寓言 ① 麗姬後悔哭泣〈齊物論〉

予惡乎知說生①之非惑邪！予惡乎知惡死之非弱喪而不知歸者邪！麗之姬，艾封人②之子也，晉國之始得之也，涕泣沾襟；及其至於王所，與王同筐床③，食芻豢，而後悔其泣也。予惡乎知夫死者不悔其始之蘄生④乎！

①說ㄩㄝ生：對出生感到喜悅。說即「悅」。
②封人：封疆守土的人，在邊疆戍ㄕㄨˋ守的將士。
③筐ㄎㄨㄤ床：匡ㄎㄨㄤ床，方正又舒適的大床。
④蘄ㄑㄧˊ：祈，求。

　　我怎麼知道「貪生」不是一種迷惑！我怎麼知道「怕死」不就像是年幼流落他鄉而老大還不知回到家鄉那樣！麗姬是艾地戍守邊疆將士的女兒，晉獻公征伐麗戎時，俘獲了她，她當時哭得淚水浸透了衣襟；但是，當她到晉國，進入王宮，跟晉王同睡一張大床，寵為夫人，吃美味珍饈，也就後悔當初不該那麼傷心哭泣。所以，我又怎麼知道那些死去的人不會後悔當初的貪生。

寓言 ② 善生善死〈大宗師〉

夫大塊^①載我以形，勞我以生，佚^②我以老，息我以死。故善吾生^③者，乃所以善吾死^④也。

①大塊：大地，天地。

②佚：逸，安逸清閒。

③善吾生：妥善地對待出生這件事，對獲得生命感到自在。

④善吾死：妥善地對待死亡這件事，對生命的自然結束也感到自在。

> 大自然賦予人形體，用形體來使我能寄託在天地之中，用生活來使我勞動，用衰老來使我清閒，用死亡來使我安息，一切都是那麼自然而然。所以將獲得生命的形體看作是好事，也要將失去生命的形體看作是好事，因為這些都是生命的自然過程。再者，如果活的時候，好好善待身體，善生就要能適性，善死就要能順天，坦然接受命運才能安然離去。

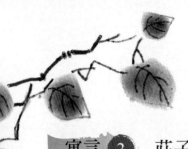

寓言 ③　莊子夢見骷髏〈至樂〉

　　莊子之楚，見空髑髏①，髐②然有形，撽以馬捶③，因而
問之，曰：「夫子貪生失理，而爲此乎？將④子有亡國之事，
斧鉞之誅⑤，而爲此乎？將子有不善之行，愧遺父母妻子之
醜，而爲此乎？將子有凍餒之患⑥，而爲此乎？將子之春秋
故及此乎？」於是語卒，援髑髏，枕而臥。夜半，髑髏見夢
曰：「子之談者似辯士。視子所言，皆生人之累也，死則無此
矣。子欲聞死之說乎？」莊子曰：「然。」髑髏曰：「死，
無君於上，無臣於下；亦無四時之事，從然以天地爲春秋，
雖南面王樂⑦，不能過也。」莊子不信，曰：「吾使司命復
生子形，爲子骨肉肌膚，反子父母妻子閭里知識⑧，子欲之
乎？」髑髏深矉蹙頞⑨曰：「吾安能棄南面王樂而復爲人間之
勞乎？」

①髑ㄉㄨˊ髏ㄌㄡˊ：骷ㄎㄨ髏ㄌㄡˊ，頭顱骨。

②髐ㄒㄧㄠ：屍骨乾枯。

③撽ㄑㄧㄠˋ以馬捶ㄔㄨㄟˊ：旁擊以馬箠ㄔㄨㄟˊ，即馬鞭。

④將：還是。

⑤斧鉞ㄩㄝˋ之誅：遭受到刀斧的砍殺。

⑥凍餒ㄋㄟˇ之患：寒冷飢餓之憂患。

⑦南面王樂：南面稱王，享有做君王的快樂。

⑧閭里知識：鄉里的故知舊識朋友。

⑨深矉蹙頞：深鎖眉頭，皺起額頭。

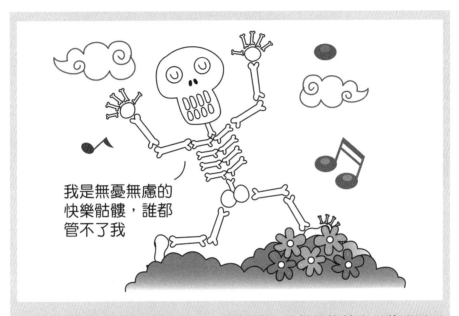

　　莊子到楚國去，途中見到一個骷髏，頭顱骨的枯空形狀明顯可見，莊子用馬鞭從側邊敲了敲，問說：「先生是因為貪生、喪失天理，而變成這樣子呢？還是你遇上了亡國的大事，遭受到刀斧的砍殺，因而變成這樣呢？還是你做了醜事，有了不好的行為，慚愧遺留給父母妻兒子女恥辱，羞愧而死，因而變成這樣呢？還是你遭受寒冷飢餓的災禍，因而變成這樣呢？還是你享盡天年才死去，因而變成這樣呢？」

　　莊子說完話，拿起骷髏頭，當作枕頭睡去。到了半夜，骷髏給莊子顯夢說：「你先前談話的樣子真像一個善於辯論的人。看你所

說的那些話，全屬於活人的累贅，人死了就沒有上述的憂患了。你想聽聽人死後的情形嗎？」莊子說：「好。」骷髏說：「人一旦死了，上面沒有國君，下面沒有臣子；也沒有四季的冷熱操勞，可以從容自得，即使有南面稱王、做君王的快樂，也不能勝過。」莊子不相信，又問：「我讓主管生命的神來恢復你的形體，為你重新長出骨肉肌膚，送你返回到你的父母、妻子兒女、鄉里故知舊識那裡去，你想要這樣嗎？」骷髏深鎖眉頭，皺起額頭，憂愁地說：「我怎麼能拋棄如南面稱王、做君王般的快樂，而再次經歷人世的勞苦呢？」

寓言 **4** 把生死交付自然〈大宗師〉

　　夫藏舟於壑，藏山於澤，謂之固矣。然而夜半有力者負之而走，昧者①不知也。藏小大有宜，猶有所遯②。若夫藏天下於天下③而不得所遯，是恆物之大情也。故聖人將遊於物之所不得遯而皆存。善夭善老，善始善終④，人猶效之，又況萬物之所係，而一化之所待乎！

①昧者：沉睡者。昧即「寐」。
②遯：亡佚。
③藏天下於天下：把天下藏在天下之中，這樣就沒有地方會丟掉。
④善夭善老，善始善終：對於老少生死等自然變化的問題能善於安處，能釋懷面對。

　　把船藏在山谷裡，把山藏在深澤中，可以說是很牢固了。可是，半夜裡來了一個大力士，把整座山都背走了，沉睡的人還不知道。把小東西藏在大的地方中是適宜的，但仍不免亡佚，如果把天下交付給天下人，把生死交付給自然，就不會擔心弄丟，這乃是萬物不變的真實情況。所以聖人要遊於不亡佚的所在，與大道共存。對於老少生死等自然現象都善於安處的人，大家尚且效法他，更何況那決定萬物生死變化的「道」、一切變化所依賴的「道」，大家更要效法它！

寓言 ⑤　化腐朽爲神奇〈知北遊〉

　　生也死之徒①，死也生之始，孰知其紀！人之生，氣之聚也；聚則爲生，散則爲死②。若死生爲徒③，吾又何患！故萬物一也，是其所美者爲神奇，其所惡者爲臭腐；臭腐復化爲神奇④，神奇復化爲臭腐。故曰：「通天下一氣耳。」聖人故貴一⑤。

①生也死之徒：生是死的隨從，跟著而來。
②聚則爲生，散則爲死：氣的聚合形成生命，氣的離散便是死亡。
③死生爲徒：生之徒與長壽同類；死之徒與短壽同類。此指壽命、氣的變化現象。
④臭腐復化爲神奇：化腐朽爲神奇，腐臭的東西可再轉化爲神奇。
⑤聖人故貴一：聖人因此看重事物的共通性，視萬物爲一個整體。

　　生是死的延續，死是生的開始，誰能知道其中的規律！人的出生，是氣的聚合，氣的聚合形成生命，氣的離散便是死亡。如果死與生是同類，死生都是氣的變化現象，可以相互循環轉化，那麼對於死亡我又憂患什麼呢？所以，萬物是一體的、是相通的。這樣，把那些所謂美好的東西可看作是神奇，也可把那些所謂討厭的東西看作是腐臭；而腐臭的東西可以再轉化爲神奇，神奇的東西也可以再轉化爲腐臭。所以說：「整個天下只不過同是氣罷了。」聖人因此看重事物的共通性，視萬物爲一個整體。

寓言 6　命運的變化〈至樂〉

　　支離叔與滑介叔觀於冥伯之丘，昆崙之虛①，黃帝之所休。俄而柳②生其左肘，其意蹶蹶然惡之③。支離叔曰：「子惡之乎？」滑介叔曰：「亡，予何惡！生者，假借也；假之而生生者，塵垢也。死生為晝夜。且吾與子觀化而化及我，我又何惡焉！」

①虛：墟，荒野。
②柳：瘤的假借字。
③蹶蹶然惡之：驚動不安像是厭惡這個肉瘤。

　　支離叔與滑介叔一同遊冥伯的丘陵和崑崙山的荒野，那裡曾經是黃帝所休息居住過的地方。忽然間，滑介叔的左肘長出一個肉瘤，他很驚訝不安，似乎很厭惡它。支離叔問：「你討厭這個肉瘤嗎？」滑介叔說：「不，我為什麼要討厭它！身體是假借外在物質組合而成，這外在物質的假借與組合產生了生命，這不過是短暫存在的一種形式；這些暫時湊集在一起的東西，不過像是塵埃。有死就有生，就像有晝就有夜一般。再說，我與你正在旁觀萬物變化，而現在這命運的變化降臨到我身上，我又為什麼要厭惡它呀！」

　　「觀化而化及我」，旁觀萬物的自然變化，如今這命運的變化卻來到自己身上，如何安然面對？唯有跳脫自己的利害得失來看事情，才沒有顧慮，沒有壓力，不害怕，進而心才有空間去看待萬物。

寓言 ⑦　超越生死〈至樂〉

　　列子行食於道從，見百歲髑髏①，攓②蓬而指之曰：「唯予與汝知而未嘗死，未嘗生也。若果養③乎？予果歡乎？」

①髑ㄉㄨˊ髏ㄌㄡˊ：骷髏，頭顱骨。
②攓ㄑㄧㄢ：拔出，撥開。
③若果養ㄧㄤ：你果真憂愁。養，恙ㄧㄤ，憂愁，疾病。

　　列子外出旅行，在道路旁吃東西，看見一個上百年的死人頭骨，於是拔去周圍的蓬草指著骷髏說：「只有我和你知道，你沒有死過、也沒有生過的道理。你果真憂愁嗎？我果真快樂嗎？死一定是痛苦嗎？生一定是快樂嗎？」

　　最大的快樂是忘掉苦與樂，死未必苦，生未必樂，是不苦不樂，超越生死概念的侷限。

寓言 ⑧ 臨屍而歌〈大宗師〉

　　子桑戶、孟子反、子琴張三人相與友，曰：「孰能相與於無相與，相爲於無相爲？孰能登天遊霧，撓挑無極①；相忘以生，無所終窮？」三人相視而笑，莫逆於心，遂相與爲友。莫然②有間而子桑戶死，未葬。孔子聞之，使子貢往侍事焉。或編曲，或鼓琴，相和而歌曰：「嗟來桑戶乎！嗟來桑戶乎！而已反其眞，而我猶爲人猗③！」子貢趨而進曰：「敢問臨尸而歌，禮乎？」二人相視而笑曰：「是惡知禮意！」子貢反，以告孔子，曰：「彼何人者邪？修行無有，而外其形骸，臨尸而歌，顏色不變，無以命之。彼何人者邪？」孔子曰：「彼，遊方之外者也；而丘，遊方之內者也。外內不相及，而丘使汝往弔之，丘則陋矣。彼方且與造物者爲人，而遊乎天地之一氣。彼以生爲附贅縣疣④，以死爲決疣潰癰⑤，夫若然者，又惡知死生先後之所在！假於異物，託於同體；忘其肝膽，遺其耳目；反覆終始，不知端倪；芒然彷徨⑥乎塵垢之外，逍遙乎無爲之業。彼又惡能憒憒然⑦爲世俗之禮，以觀眾人之耳目哉！」

①撓ㄋㄠˊ挑無極：跳躍，形容歡欣鼓舞於無極之境。
②莫然：驀然，忽然。
③猗ㄧ：兮，語助詞。
④附贅ㄓㄨㄟˋ縣ㄒㄩㄢˊ（懸）疣ㄧㄡˊ：附生的贅肉、懸吊的腫瘤。比喻方外之士把生命看

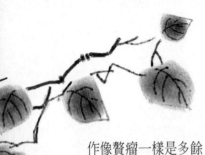

作像贅瘤一樣是多餘。

⑤以死為決疢潰癰：把死亡看作是痤瘡化膿後潰決的解脫。

⑥彷徨：徬徨。

⑦憒憒然：忙亂的樣子。

子桑戶、孟子反、子琴張三人要交朋友，說：「誰能夠與人交往出於自然無心機，誰能相互幫助而不著形跡？誰能登上高天遨遊霧裡，跳躍登上無窮之境；忘了生死，而沒有終結和窮盡？」三人會心地相視而笑，心靈契合，結成好友。不久，子桑戶突然死了，還沒下葬。孔子聽到了，派子貢前去幫助料理喪事。孟子反和子琴張卻一個在編輓歌，一個在彈琴，相互應和著唱歌：「哎呀，子桑戶啊！哎呀，子桑戶啊！你已經返歸本真，可是我們還在做凡人的事啊！」子貢聽了快步走到他們面前說：「我冒昧地請教，對著死人的屍體唱歌，這合乎禮儀嗎？」二人相視而笑，說：「他哪裡懂得禮的真正含意！」子貢返回後，把見到的情形告訴孔子，說：「他們都是些什麼人呢？不用禮儀來修養德行，把自身的形骸置於度外，面對著屍體還唱歌，容顏和臉色一點也不改變，沒有悲傷之情，我簡直無法形容他們。他們究竟是什麼樣的人呢？」孔子說：「他們是擺脫禮儀約束而逍遙於人世之外的方外之士，我卻是生活在世俗中的方內之士。方外之士與方內之士彼此不相干，可是我卻讓你前去弔唁，我真是淺薄。他們正跟造物者結為友伴，而逍遙於天地大氣之中。他們把生命看作像贅瘤一樣是多餘的，他們把死

亡看作是毒瘡化膿後的潰破解脫，像這樣的人，又怎麼會考慮死生優劣的分別！對他們來說，生命只是假借不同的物質，寄託在同一個人身體上；忘掉在體內的肝膽，也忘掉在體外的耳目；生命隨著自然變化，不斷地反覆循環，但不知道其頭緒；茫然徬徨於塵世之外，逍遙自在地不刻意作為。他們又怎麼會忙亂地去拘泥於世俗的禮儀，在眾人耳目下表演展示這些禮儀！」

隨手筆記 Notes

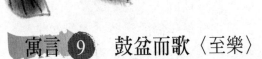

寓言 9　鼓盆而歌〈至樂〉

　　莊子妻死，惠子弔①之，莊子則方箕踞②鼓盆而歌③。惠子曰：「與人居，長子、老、身死，不哭，亦足矣，又鼓盆而歌，不亦甚乎！」莊子曰：「不然。是其始死也，我獨何能無概然④！察其始而本無生，非徒無生也而本無形，非徒無形也而本無氣。雜乎芒芴⑤之間，變而有氣，氣變而有形，形變而有生，今又變而之死，是相與為春秋冬夏四時行也。人且偃然⑥寢於巨室，而我噭噭然⑦隨而哭之，自以為不通乎命，故止也。」

①弔ㄉㄧㄠˋ：弔喪，弔祭。
②箕ㄐㄧ踞ㄐㄩˋ：盤腿而坐，形如畚ㄅㄣˇ箕，是一種隨意、不拘禮節的坐姿。
③鼓盆而歌：擊缶敲擊瓦盆，以打節拍唱歌。瓦盆：缶ㄈㄡˇ又通「缻ㄈㄡˇ」，古代秦地的樂器。《說文解字》：「缶，瓦器，所以盛酒漿，秦人鼓之以節歌。」
④概然：哀傷的樣子。概，慨ㄎㄞˇ。
⑤雜乎芒芴ㄨˋ：摻雜在恍惚之間，在若有若無之中。
⑥偃ㄧㄢˇ然：安然，安息。
⑦噭噭ㄐㄧㄠˋ然：哭聲，痛哭的樣子。

莊子的妻子死了，惠施去弔喪，見莊子正盤腿坐在地上，一邊敲著瓦盆這種樂器，一邊唱歌。惠施說：「你的妻子和你生活在一起，為你生養照顧子女，現在她年老去世了，你不哭也罷，怎麼還敲著瓦盆唱歌，這太過份了！」莊子說：「不是這樣的。當我妻子剛死的時候，我哪能沒有哀傷呢？但後來我想一想：人開始本來就沒有生命，不但沒有生命，連形體都沒有，不但沒有形體，連氣息也沒有。後來，摻雜在恍惚之間，在若有若無的自然變化中，有了氣息，氣息變化而有了形體，形體變化而有了生命。現在我的妻子隨著自然變化去世，就像春夏秋冬的運行一樣自然。她正安息在天地之間，如果我還哭哭啼啼，那我就太不通達生命的道理，所以我才不哭。」

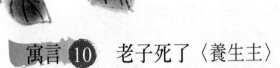

寓言 ⑩　老子死了〈養生主〉

　　老聃死，秦佚弔①之，三號而出。弟子曰：「非夫子之友邪？」曰：「然。」「然則弔焉若此，可乎？」曰：「然。始也吾以爲其人也，而今非也。向吾入而弔焉，有老者哭之，如哭其子；少者哭之，如哭其母。彼其所以會之，必有不蘄②言而言，不蘄哭而哭者。是遁天倍情③，忘其所受，古者謂之遁天之刑④。適來，夫子時也；適去，夫子順也。安時而處順⑤，哀樂不能入也。古者謂是帝之縣解⑥。」

①弔：弔ㄉㄧㄠˋ唁ㄧㄢˋ，弔死唁生，弔祭死者，慰問喪家。

②蘄ㄑㄧˊ：預期。

③遁天倍情：逃遁自然，違逆自然，背棄眞情，背離眞理。

④遁天之刑：違背天理，被世俗之情所束縛，就像受到刑戮一樣。

⑤安時而處順：安於時機而順應自然的變化。安於時間的變化，把生死哀樂置於度外。

⑥縣ㄒㄩㄢˊ解：懸繩解開。人生在世有生死哀樂的繫綁，就像倒懸般痛苦，若能超越死生哀樂的觀念，不爲所懼，就像倒懸自解。

老子死了，秦佚去弔唁，哭了三聲就出來。老子的弟子說：「你不是我們老師的朋友嗎？」秦佚說：「是的。」老子的弟子又問：「你這樣弔唁可以嗎？」秦佚說：「可以。剛開始，我以爲老子是世俗之人，要用世俗的禮節去弔唁；但現在我發現老子的死是歸於自然，與自然合而爲一，他不是世俗之人。剛才我進入到靈堂去弔唁老子，看見有老年人痛哭，就像哭他自己的兒子死掉一樣；有年輕人痛哭，就像哭他自己的母親死掉一樣。他們之所以會聚在這裡，一定有不想說，但不得不說的哀傷話，有不想痛哭，但不得不痛哭的理由，情非得已而去符合弔唁禮儀。這就是違反自然，違背人的眞情，忘掉秉受於天的生命長短，古時候的人把這種情形叫做違逆自然天理所受的刑罰。因爲我們的生命是自然所賦予，死也要回歸自然，這是自然道理，但人們對生命有執著，討厭死亡，貪生怕死，然而有生就有死，違背天理，被世俗之情所束縛，不能自主，就會像受到刑戮一樣痛苦。偶然來到這世上，這是你們的老師順著時機出生；偶然離開這世上，這是你們的老師順著自然變化而離開人世。安於時機，順應自然的變化，把生死置於度外，哀樂的強烈情緒就不能進入到你的內心來傷害你了，人生在世必有生死哀樂的繫累，就像人倒掛般痛苦，如今超越死生哀樂的觀念就能解脫束縛，古人把這種情形叫做倒懸自解。」

寓言 ⑪ 以天地爲棺槨〈列禦寇〉

　　莊子將死，弟子欲厚葬之。莊子曰：「吾以天地爲棺槨①，以日月爲連璧，星辰爲珠璣②，萬物爲齎③送。吾葬具豈不備邪？何以加此！」弟子曰：「吾恐烏鳶之食夫子也。」莊子曰：「在上爲烏鳶④食，在下爲螻蟻食，奪彼與此，何其偏也！」

①棺槨ㄍㄨㄛ：棺材和套在棺外的外棺。
②珠璣ㄐ一：珠璣指珠玉。珠，圓的珠子。璣，不圓的珠子。
③齎ㄐ一：贈送。
④烏鳶ㄩㄢ：烏鴉老鷹。

莊子臨終前，弟子們打算厚葬他。莊子說：「我以天地當作我的棺槨，以日月當作雙璧，以星辰當作珠寶，以萬物當作陪葬。我的殯葬品難道還不夠齊備嗎？還有什麼好增加！」弟子們說：「我們擔心烏鴉和老鷹會吃掉先生的屍體。」莊子說：「在地上會被烏鴉老鷹吃掉，埋在地下會被螞蟻吃掉，你們奪走烏鴉老鷹嘴裡的食物，送給螞蟻吃，你們為什麼這樣偏心！」

隨手筆記 Notes

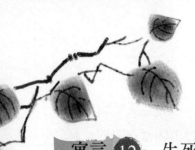

寓言 ⑫ 生死大事〈大宗師〉

死生，命也①，其有夜旦之常，天也②。人之有所不得
與，皆物之情③也。彼特以天爲父，而身猶愛之，而況其卓④
乎！人特以有君爲愈乎己，而身猶死之，而況其眞⑤乎！

①死生，命也：人力所不及，又不可避免，這就是命。
②夜旦之常，天也：黑夜與白天的交替出現是自然的規律。
③物之情：事物的眞實情形。
④況其卓：何況是卓然的、崇高的「道」。
⑤況其眞：何況是眞實的「道」。

死和生是必然、不可避免的事，有死就有生，猶如有黑夜就有
白天一般，是自然的規律。人不得參與、干涉這種自然的變化，這
都是萬物固有的眞實情況。人們特意地把天看作是生命之父，而終
身敬愛它，更何況比天還崇高的「道」！人們總認爲國君的價值超
越自己，而終身願爲國君效命，更何況比國君更崇高的「道」！我
們更應該尊崇它啊！

寓言 13　薪火相傳〈養生主〉

指窮於爲薪[1]，火傳[2]也，不知其盡也。

①指窮於爲薪：指即脂，脂膏。塗了油脂的燭薪，有燒完窮盡的時候。
②火傳：火苗可以傳續下去。

> 　　塗了油脂的燭薪，總會燒完的，可是火卻可以傳續下去，沒有窮盡的時候。人的形體終將會消失，但精神卻可永傳後世。

人的壽命有限，不過活百歲多，那什麼才是永恆呢？

　　名利都是身外之物，人死蓋棺論定時，評價一個人的是其品格、操守，最令人懷念是其真誠的情義，豐富的人生歷練，並非憑仗其財富與官位。肉體終究會成住壞空，但不是「人死如燈滅」般虛幻，精神是不朽的，可流傳後世，古聖先賢已死千年，但其精神感召，對生命的反思，及帶給人們的影響力至今不減，活在現代人心中。

　　人生的意義在聞道，行道，修道，悟道。真理如醍醐灌頂，能充實精神、滋養心靈。聽到大道，自然之理，要落實在生活中，並優化生命品質。每日持之以恆修練養性，終能體悟出人生大道，如大鵬展翅，擁有豁然開闊的大視界。

在莊子的生死觀中，如何善生善死？

　　大自然賦予人形體、生命，用各種形式讓人成長、勞累、衰老，這些都是生命的自然過程，不管我們喜不喜歡，接不接受，時間一刻不停留，不斷地往下一個階段行進。生死亦是不可避免的自然過程，將出生看待是美好的事，對於不可抗力的死也要坦然面對，不可樂生惡死。再者，若能善待生命，適性順天，不貪求物欲，不損生傷性，到了老朽時，就能得到善終，死得自然而無憾。

　　人生短暫猶如白駒過隙，故要過得充實、活得快樂，站在制高點上看人生，視野何其遼闊！心境何其超然！〈天下〉：「上與造物者遊，

而下與外生死無始終者爲友。」在上與造物者「道」同遊，在下與看破生死、沒有終始分別的人做朋友。若能把生死置於度外，不爲所困，連死都不煩憂、不害怕，相較之下，其他問題都是小事了，對人生的威脅就變小了，何懼之有？

單元五

安頓身心的修爲

　　很多人的煩惱來自不斷地追求外在成就，好還要更好，庸庸碌碌停不下來。遇到挫敗，心中就產生排拒，各種負面情緒接踵而至，陷入煩惱的循環中，也阻礙了問題解決的能量。當我們心生這些煩惱，首先要讓心安靜下來，深呼吸，在吸氣時帶進開放、接納、寬容的心，在吐氣時，輕輕將情緒放下，保持內心的虛空。「無」是一切「有」的根源，例如：無聲是一切聲音之母，若環境太吵雜，是無法聽清楚對方說話，只有當背景是安靜時，才可聽清楚聲音。所以，唯有虛空時，才能放進東西，虛心才能受教，虛心才能容物。再者，只有「理解」不會有功效，長期「練習」才會有功效，所以持續修練很重要，必須修練再修練，成爲生活的一部分。

寓言 ❶ 何謂心齋〈人間世〉

顏回曰：「吾無以進矣，敢問其方。」仲尼曰：「齋，吾將語若！有心而為之，其易邪？易之者，皞天①不宜。」顏回曰：「回之家貧，唯不飲酒不茹葷者數月矣。如此，則可以為齋乎？」曰：「是祭祀之齋，非心齋也。」回曰：「敢問心齋②。」仲尼曰：「若一志③，無聽之以耳而聽之以心，無聽之以心而聽之以氣。耳止於聽，心止於符。氣也者，虛而待物④者也。唯道集虛⑤。虛者，心齋也。」

① 皞天：偉大的自然道理。皞通昊，廣大。
② 心齋：心理上的齋戒。
③ 一志：心志專一。要使心安靜下來，必須先練習心思專一，專注在某一點上，才能去除雜念。
④ 虛而待物：以虛靜空明的心對待萬物。
⑤ 唯道集虛：道就是集結在虛之中，這種至虛至靜的狀態是心齋的境界。

顏回說：「我沒有可以再進步的方法了，請問還有什麼方法？」仲尼說：「你先齋戒，我再告訴你吧！有了成見之心去勸諫君主，怎會容易成功呢？如果容易成功的話，那就不合乎自然的道理。」顏回說：「我家很貧窮，不喝酒不吃葷已經好幾個月了。像這樣子，可以算是齋戒嗎？」仲尼說：「這是祭祀的齋戒，不是心理上的齋戒。」顏回說：「我請教什麼是心齋。」

仲尼說：「你要心志專一，不要用耳去聽，而要用心去體會，不要用心去體會，而要用氣去感應。耳的作用僅止於聆聽，心的作用止於心理上的體會。氣是虛空能容納萬物。若你能去除成見，澄心靜慮，不存雜念，達到空明虛靜的心靈狀態，大道自然會與你相合。道就集結在這至虛至靜的心齋境界。去除內心的欲望，讓心保持虛靜空明，這虛靜空明的心，就是心齋。」

寓言 ② 何謂坐忘〈大宗師〉

顏回曰：「回益矣。」仲尼曰：「何謂也？」曰：「回忘禮樂矣。」曰：「可矣，猶未也。」他日，復見，曰：「回益矣。」曰：「何謂也？」曰：「回忘仁義矣。」曰：「可矣，猶未也。」他日，復見，曰：「回益矣。」曰：「何謂也？」曰：「回坐忘①矣。」仲尼蹴然②曰：「何謂坐忘？」顏回曰：「墮肢體③，黜聰明④，離形去知⑤，同於大通⑥，此為坐忘。」仲尼曰：「同則無好也，化則無常也。而果其賢乎！丘也請從而後也。」

①坐忘：靜心打坐時，物我兩忘，達到無思無慮的境界。
②蹴然：驚訝的樣子。
③墮肢體：擺脫生理欲望的束縛。
④黜聰明：去除智巧欺詐。
⑤離形去知：不受生理欲望和心理貪欲的束縛。
⑥同於大通：與大道合而為一。

顏回說：「我進步了。」孔子問道：「進步什麼？」顏回說：「我已經修養到達心靜安適，我已具備了教化，不需要禮樂規範來提醒，可以忘掉禮樂規範。」孔子說：「很好，但還不夠。」過了幾天，顏回又來拜見孔子，說：「我又進步了。」孔子問：「進步什麼？」顏回說：「我內心已具備了仁義，可以忘掉仁義教條了。」孔子說：「很好，但還不夠。」過了幾天，顏回又再次拜見孔子，說：「我又進步了。」孔子問：「進步什麼？」顏回說：「我坐忘了。」孔子驚訝地問：「什麼叫坐忘？」顏回說：「擺脫形體束縛，去除人為智巧，超越禮樂教條，消解因貪念而生起各種偽詐投機的心智活動，透過打坐，放空，放下生理想望與心理貪念的欲求，進而與大道融合為一體，這就叫靜坐心空，消除物我對立，達到物我合一的坐忘。」孔子說：「能與萬物融合為一體就沒有偏私，能順應變化就沒有執著。你果真是賢人啊！我願意追隨在後學習。」

鬼斧神工〈達生〉

　　梓慶削木爲鐻①，鐻成，見者驚猶鬼神。魯侯見而問焉，曰：「子何術以爲焉？」對曰：「臣工人，何術之有！雖然，有一焉。臣將爲鐻，未嘗敢以耗氣也，必齊以靜心②。齊三日，而不敢懷慶賞爵祿；齊五日，不敢懷非譽巧拙；齊七日，輒然③忘吾有四肢形體也。當是時也，無公朝，其巧專而外滑消；然後入山林，觀天性；形軀至矣，然後成見鐻，然後加手焉；不然則已。則以天合天④，器之所以疑神者，其由是與！」

① 鐻ㄐㄩˋ：樂器，掛鐘鼓之木架，鐘架。
② 必齊（齋）以靜心：必定安靜內心來齋戒。
③ 輒ㄓˊ然：忽然。
④ 以天合天：以我的自然來配合樹木的自然。

　　有一位技藝高超的木匠，名叫慶，人稱梓慶。用木頭削出一個掛鐘鼓的木架。外形精美絕倫，見到它的人都不相信這是人工做出來的，而好像出於鬼神之手，驚爲鬼斧神工之作。魯國的君主問梓慶說：「你是用什麼技術製作它的？」梓慶回答說：「我只是一個工人，哪有什麼技術可言呢？不過，有一點可以說說。我要開始製作時，不敢耗損精神元氣，必定先讓心安靜來齋戒，使心中沒有雜念。齋戒三天，不敢心懷有獲取什麼賞賜封官等，忘掉名利；齋戒

五天後，不敢心懷毀譽巧拙的念頭，忘掉是非評價，集中心思，只想如何才能製作好它；齋戒七天後，忘掉形體，忘掉外物的牽掛，忘了有朝廷，精神專一在技術上，一切外在干擾全消失，心無旁鶩；然後進入山林去仔細觀察樹木的材質，找到合適的木材；看到木形恰到好處時，心中對鐘架就有一個具體的形象，然後就加工製作；不是這樣就不做。以我的自然來合木質的自然，這就是鐘架之所以像鬼斧神工所做出的原因吧！」

隨手筆記 Notes

寓言 4　黏蟬的駝背老人〈達生〉

　　仲尼適楚，出於林中，見痀僂①者承蜩②，猶掇③之也。仲尼曰：「子巧乎！有道邪？」曰：「我有道也。五六月累丸二而不墜，則失者錙銖④；累三而不墜，則失者十一；累五而不墜，猶掇之也。吾處身也，若橛株拘⑤；吾執臂也，若槁木之枝；雖天地之大，萬物之多，而唯蜩翼之知。吾不反不側，不以萬物易蜩之翼，何爲而不得！」孔子顧謂弟子曰：「用志不分，乃凝於神⑥，其痀僂丈人之謂乎！」

①痀僂：同「傴」，傴僂，駝背。
②承蜩：拿竿黏蟬。
③掇：拾取，撿起。
④錙銖：六銖爲一錙，二十四銖爲一兩，比喻微量。比喻黏蟬時失誤很少。
⑤橛株拘：枯樹根。橛：短木椿。身體直立像枯樹木椿。
⑥用志不分，乃凝於神：用心專一而不分心，就能凝聚精神，表現超凡。

　　孔子到楚國去，經過樹林，看見一個駝背老人正拿竹竿黏蟬，就好像在地上撿東西一樣容易。孔子說：「你的技巧眞好啊！有門道方法嗎？」駝背老人說：「我有門道。我經過五、六個月的密集練習才拿穩竹竿，保持竹竿不動，才不會驚動蟬，如果在竹竿頂上累加放置兩個丸子而丸子不會墜落地上，那麼我失手的情況就少；若

累加三個丸子在竹竿頂上而不會墜落，那麼失手的機率只有十分之一；放五個丸子在竹竿頂上而不會墜落，就會像在地面上撿東西一樣地容易。我站穩身子，就像枯樹幹，靜止不動，我舉竿的手臂，就像枯木的樹枝；雖然天地很大，萬物種類繁多，但我全心全意，只知道蟬的翅膀，我絕不東想西想，不左顧右盼，絕不會受到外物干擾而改變對蟬翼的專注，如此怎麼會黏不到蟬呢！」孔子回頭對弟子說：「用心專一而不分心，就能凝聚精神，表現超凡，出神入化，說的就是這位駝背的老人啊！」

專注，再專注，叫我第一名！

寓言 5　虛室生白，吉祥止止〈人間世〉

　　瞻彼闋者，虛室生白①，吉祥止止②。夫且不止，是之謂坐馳③。

①虛室生白：因為心中無欲求，虛靜空明之心呈現一片純白光亮。
②吉祥止止：心停止在虛空靜止之境，不貪求物欲，做事就會順心如意。
③坐馳：雖坐著不動，內心卻向外馳騁張狂，動心起念，追逐物欲。

　　觀照那空明的心境，因為內心無欲求，心中自然呈現一片純白、光亮，心停止在虛空靜止之境，不貪求，做事就會順心如意。如果內心無法寧靜，就是形坐而心馳，身體雖坐著不動，內心卻向外馳騁張狂，足以亂心，不得安寧。心齋的工夫在止住內心各種貪欲的生起，讓內心能虛靜空明、純白、寧靜。

寓言 6 　鑑於止水〈德充符〉

人莫鑑於流水，而鑑於止水①，唯止能止眾止。

①鑑於止水：在靜止的水面上，才能照見自己的樣貌。

> 　　人不能在流動的水面上，映照出自己的容顏，而要在靜止的水面上，才能清楚看見自己的容顏。這是因為只有自己先靜止，才能使別的事物靜止下來。

寓言 ⑦ 眞人深呼吸〈大宗師〉

　　古之眞人，其寢不夢^①，其覺無憂，其食不甘，其息深深。眞人之息以踵，眾人之息以喉。屈服者，其嗌言若哇^②。其耆欲深者，其天機淺^③。

①其寢不夢：因為心中無欲求，無罣^x礙，睡覺時不做夢。

②嗌[~]言若哇^x：喉嚨因氣息不通暢，說話吞吐，好像卡住，受到阻礙。哇：阻礙。

③其耆（嗜）欲深者，其天機淺：沈迷深陷在嗜好和欲望的人，其自然所賦予的悟性就很淺。

　　古時候的眞人，他睡覺時不做夢，醒來時不憂愁，吃東西時不求甘美，呼吸時氣息深沉。眞人呼吸可達腳跟，而一般人呼吸只到喉嚨。一般人辯論時，屈服於外在情勢，說話吞吞吐吐，如哽在喉，不知所措。這些深陷在嗜好和欲望的人，得失心太重，其自然所賦予的悟性也就變得淺薄了，難以發揮了。

寓言 8 吾喪我〈齊物論〉

　　南郭子綦隱机而坐①，仰天而噓，荅焉似喪其耦②。顏成子游立侍乎前，曰：「何居乎？形固可使如槁木，而心固可使如死灰③乎？今之隱机者，非昔之隱机者也。」子綦曰：「偃，不亦善乎，而問之也！今者吾喪我④，汝知之乎？」

①南郭子綦隱机而坐：住在城南的子綦靠著茶几打坐。
②荅焉似喪其耦：忘記自身的樣子，就像是靈魂出竅，精神脫離肉體。耦即偶，肉體和精神為偶，匹對。
③形固可使如槁木，而心固可使如死灰：形體安定得像乾枯的樹木，心神安定得像死灰。
④吾喪我：我丟棄了偏執的我。

　　住在城南的子綦靠著茶几打坐，抬頭向天緩緩地吐氣，那離神去智的樣子好像靈魂出竅，神形為偶，精神與形體應是配對存在的，但子綦的精神似乎脫離了形體，不為形體所牽制，進入忘我的境界。子綦的學生顏成子游站在跟前，問說：「老師您現在處於什麼狀態呢？打坐固然可以使形體安定得像乾枯的樹木，難道也可以使心神安定得像死灰那樣嗎？您今天靠在茶几打坐的神情，跟之前打坐的神情大大不同。」子綦回答說：「子游，你問得很好！今天的我忘掉了我自身，丟棄那個偏執的我，你知道嗎？

寓言 ⑨ 朝徹見獨〈大宗師〉

南伯子葵問乎女偊①曰：「子之年長矣，而色若孺子②，何也？」曰：「吾聞道矣。」南伯子葵曰：「道可得學邪？」曰：「惡！惡可！子非其人也。夫卜梁倚有聖人之才而無聖人之道，我有聖人之道而無聖人之才，吾欲以教之，庶幾其果爲聖人乎！不然，以聖人之道告聖人之才，亦易矣。吾猶守而告之，三日而後能外天下；已外天下矣，吾又守之，七日而後能外物；已外物矣，吾又守之，九日而後能外生；已外生矣，而後能朝徹③；朝徹，而後能見獨④；見獨，而後能無古今；無古今，而後能入於不死不生。殺生者不死，生生者不生⑤。其爲物，無不將也，無不迎也；無不毀也，無不成也。其名爲攖寧⑥。攖寧也者，攖而後成者也。」南伯子葵曰：「子獨惡乎聞之？」曰：「聞諸副墨之子⑦，副墨之子聞諸洛誦⑧之孫，洛誦之孫聞之瞻明，瞻明聞之聶許⑨，聶許聞之需役，需役聞之於謳⑩，於謳聞之玄冥，玄冥聞之參寥⑪，參寥聞之疑始⑫。」

①女偊ㄩˇ：寓託的得道之士。

②孺ㄖㄨˋ子：孩童。

③朝徹：心靈就能像晨光般清澈明亮，清明洞徹。

④見獨：洞見獨立無待的「道」，就能體悟那獨一的大道。

⑤生生者不生：產生生命的「道」，本身是不死不生的。

⑥攖ㄧㄥˊ寧：在擾亂中能保有安寧，在萬物生死成毀的紛紜煩惱中，保有寧靜的心境。

⑦副墨之子：翰墨爲文字。文字並非「道」，文字之流傳只是用來瞭解「道」的輔助工具，故爲副墨。再者，文字需要不斷孳生，代代相傳來讓世人瞭解「道」，所以用副墨之子來形容。

⑧洛誦：絡誦，不斷反覆背誦。文字之流傳得之於語言之流傳，因先有語言，而後書之簡冊，故文字生於語言。

⑨聶ㄋㄧㄝˋ許：耳聽。

⑩於ㄨ謳ㄡ：歌謠傳唱

⑪參ㄘㄢ寥ㄌㄧㄠˊ：參悟高遠無邊之境界，高邈寥曠之境界。

⑫疑始：萬物處在似有始若無始的混沌境界。

　　南伯子葵向女偊問道：「你的歲數很大，但是你的面色卻如孩童，這是什麼緣故呢？」女偊回答：「我得道了。」南伯子葵說：「我可以透過學習或言傳而得道嗎？」女偊回答說：「不！不可！你不是學道的人。卜梁倚有聖人的穎悟才質而不懂聖人的修行方法。我知道聖人的修行方法，但缺少聖人的穎悟才質，我想用修行的方法來教他，或許眞能讓他做到聖人吧！即使他做不到，但用聖人修行的方法告訴具有聖人才質的人，比較容易領悟。我得道了，但這道講不出來，道就是那麼自然而然，不能用言語教他，只能做給他看，他要自己去體悟。我還需要將凝靜持守的工夫做給他看。持守修行，三天之後便將天下置之於度外，放下權力欲望；既已將天

下置之度外，我又持續修行，七天之後便將一切事物置之度外，放下物欲；既已將一切事物置之度外，不被外物所役使，我又持守修行，九天之後便將生死置之度外，不怕死；既已將生死置之度外，而後心境便能如朝陽剛升起時，豁然開朗，清明透徹；能夠心境如朝陽般清明透徹，而後將能夠體悟那獨立無待的大道，達到物我兩忘的覺悟境界；既已體悟大道，而後將能超越古今的時間限制；既已能超越古今的限制，而後便進入無所謂生、無所謂死的精神境界。使生命死亡的道，本身是不會死，產生生命的道，本身沒有所謂的生。道能使萬物死滅生息，但道本身是沒有死、沒有生。所以瞭解道後，不會執著於生死，不受生死觀念拘束，不執著於生的人，不貪生的人便無懼於死。道對於萬物，沒什麼不相送，沒什麼不相迎；沒有什麼不是毀壞，沒有什麼不是成全，這就叫做攖寧。攖寧就是在萬物生死成毀各種煩擾中，保有寧靜的心境，這是在煩亂紛擾後所到達的寧靜境界。」

南伯子葵問：「你從哪裡得到『道』呢？」女偊回答：「我從閱讀文字（副墨的兒子）得到的，文字之流傳得之於口語傳誦（洛誦的孫子），口說傳誦得之於眼觀四方（瞻明），眼觀四方得之於專心聆聽（聶許），專心聆聽得之於具體行動（需役），具體行動得之於歌謠傳唱（於謳），歌謠傳唱從靜默領會（玄冥）那裡得到的，靜默領會從參悟虛邈（參寥）那裡得到的，參悟虛邈是從無始之始（疑始）那裡得到的。」「道」太深奧神奇，聞道的歷程實難以明確述說，故無須追究到底，只須順其自然之道，把心打開來接受外在訊息，自然能有所感，領悟其道理。

095

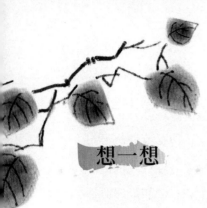

如何去除雜念，讓心安靜下來？

　　越要放鬆，卻越緊張，這是因為還沒準備好，還沒有找到真正的原因，還沒覺察到焦慮的真正根源在哪？例如：經濟問題是焦慮的來源，但賺再多的錢，焦慮仍如影隨形。〈大宗師〉：「其耆欲深者，其天機淺。」讓嗜好與欲望降低，自然所賦予的天資潛能自現。這時若能澄心靜慮，心思專一就能慢慢體悟自己真正的焦慮在哪？自己真正的渴望在哪？對金錢焦慮？還是面子才是焦慮的來源？還是渴望別人的肯定？為了欲望而有焦慮，因焦慮而有偏執。

　　靜心工夫在《大學》中提到：「知止而後有定，定而後能靜，靜而後能安，安而後能慮，慮而後能得。」這五個階段「定、靜、安、慮、得」說明一切行為後果皆源自於起心動念，清心靜心皆為了沉澱雜念，安住內心。由壓力所產生的情緒，每天都在發生，但不知它的真正原因才可悲！〈齊物論〉：「日夜相代乎前，而莫知其所萌。已乎，已乎！旦暮得此，其所由以生乎！」事物的各種變化日夜在心中交替反覆出現，可是卻不知是誰在主使，算了吧！停止向外追逐吧！一旦瞭解問題的原由，就可以領悟一切生活變化的大道理。我若知道我的焦慮來源，才清楚我活著在做什麼事。其實，很多人都在做一些焦慮的事，生命都耗在這裡，能體悟出不再想焦慮地過一生，不汲汲營營向外追逐，也不去評價自己，而是接受自己，欣賞自己，自然就會看到安身立命的所在，這種覺悟才是生命的最大價值。

為何不聽之以心，而要聽之以氣？

　　〈人間世〉：「若一志，無聽之以耳而聽之以心，無聽之以心而聽之以氣。耳止於聽，心止於符。氣也者，虛而待物者也。唯道集虛。虛者，心齋也。」首先，要專注在一點上，前提是這專注必須是不帶有名利動機，沒有好惡情緒，這樣才有意義，才能真正解放、放下。「無聽之以耳」是要維持心靈的空明，不受五官所接觸之外物所影響。「無聽之以心」的「心」是指認知心，是有主觀判斷，故要「齊物」，去除成見偏執。最後要「聽之以氣」，因為氣是自然的聚散，不受思緒的影響，是最自然無心，呈現清明虛靜的狀態。

　　藉由心齋——去鬆動、去化解人為的價值與欲望，回到生命本然的狀態，悠遊自在做自己。耳目感官的知覺和心的是非執著只能把握有限的事物，唯有用氣去感應，無成心，與道相應合，才能接納無限。意念專一，排除干擾，最後進入虛無境界，即為「心齋」。

坐忘是要忘掉什麼？

　　〈大宗師〉：「墮肢體，黜聰明，離形去知，同於大通，此為坐忘。」離形是在消解由生理所激起的貪欲，去知則在消解由心智作用所產生的智巧。有己欲就有己見，有己見就有執著，忘掉生理身體和心理認知的執著，不被任何有形或無形的外物所拘。如此，心靈才能敞開，進而與大道合而為一，活在道中。

　　「坐忘」是一種工夫，專心在靜坐上，連身體的感知都忘了，都超越了，連執著也忘了，最後「忘」了在「坐」。坐忘不是被動靜坐，而是隨時消除執迷，保持精神的自由活潑。放下一切，放空心靈，使之沉澱，忘記矯情做作的自己，接受純真本然的自

己，對生命的體悟就會自然浮現。「坐」、「忘」皆是工夫，無法說，無法教，要靠自己去體會，聽到身體上和心理上的聲音，與純然的自己更親近。誠如電影《深夜加油站遇見蘇格拉底》中，受挫的體操選手在人生導師的帶領下，聽到自己內在的聲音，體悟出人生道理，別人無法告訴他，也說不明白，要靠自己親身體悟，更重要是要活在當下，很多煩惱都是想出來的，忘掉擔憂未來！因為不一定會發生，一切都在生成變化進行中。

莊子的修養工夫為何？

莊子的修養工夫（體道的階段）

層次	八階段	內容	方法
外（有）	工夫 認知上的破除執迷： ・外天下 ・外物 ・外生死	・不被外物所役使：仍有欲望，但不受其限制 ・破除一般人對知識的僵化認知 ・逆向思考，不受困一隅	破偏執、去貪欲、齊萬物
忘（有）	工夫 內觀上的破除執迷： ・朝徹 ・見獨	・著重徹悟、頓悟 ・消泯內外之分	心齋、坐忘

層次	八階段	內容	方法
無（無）	終極境界 ・無古今 ・不死不生 ・攖寧（逍遙） （至人無己、神人無功、聖人無名）	・不累於物：欲望不滯留於心中，也不想去追求，因為內心已很充實，無須外求 ・體悟道之循環無盡，身心靈自然應合於道 ・精神達自由逍遙之境界	無需言喻，自然達境

　　修養工夫用在於消泯貪欲，保有澹泊之心。〈德充符〉：「內保之而外不蕩也。」內心保持平靜的狀態就可不被外界所動搖，進而心無雜念，虛而待物，與道相應。反之，若欲望把心塡滿，擁擠的心會讓自己變得麻木，甚至愚蠢，空的地方才會產生靈動的感覺，不外馳於物，智慧自生。放下物欲並非「消極地」不在乎所處世界的一切，而是捨去執著，換個更大的空間，「積極地」面對人生，包容萬物，拿掉利害關係後的純粹，欣賞生命之本然和體驗逍遙之美。

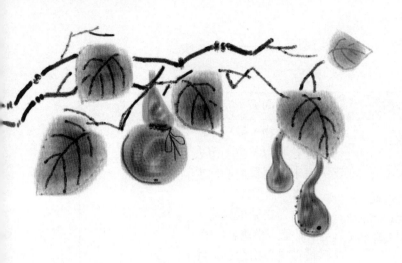

人我篇

——簡單就是幸福

單元六

拋開名利的枷鎖

　　聲色犬馬、物質欲望，常令人心醉神往，流連忘返，而看不到躲在欲望背後的危險，看不到沉迷外物的隱憂。有些事不是懸崖勒馬即可停止，是回不了頭，例如：網路沉癮而使眼神經嚴重受損就難以挽回，如何防患未然呢？莊子用幾則小故事來提醒人不可短視近利，瞻前不顧後，只看到眼前利益，而忽略接踵而來的代價。雖然欲望會讓生命充滿動力，有所成長，但也須有所反省，不要衝過頭而傷生損性。

寓言 ① 螳螂捕蟬〈山木〉

　　莊周遊於雕陵之樊①，覩②一異鵲自南方來者，翼廣七尺，目大運③寸，感周之顙④，而集於栗林。莊周曰：「此何鳥哉，翼殷不逝，目大不覩？」蹇⑤裳躩⑥步，執彈而留之。覩一蟬，方得美蔭而忘其身。螳螂執翳⑦而搏之，見得而忘其形⑧；異鵲從而利之，見利而忘其真⑨。莊周怵然⑩曰：「噫！物固相累，二類相召也！」捐彈而反走，虞人逐而誶⑪之。莊周反入，三日不庭⑫。藺且從而問之：「夫子何為頃間甚不庭乎？」莊周曰：「吾守形而忘身，觀於濁水而迷於清淵。且吾聞諸夫子曰：『入其俗，從其俗。』今吾遊於雕陵而忘吾身，異鵲感吾顙，遊於栗林而忘真，栗林虞人以吾為戮⑬，吾所以不庭也。」

① 樊：藩，藩籬。

② 覩ㄉㄨˇ：看見。

③ 運：員，眼圓，眼的直徑。

④ 顙ㄙㄤˇ：額頭。

⑤ 蹇ㄐㄧㄢˇ：通「褰ㄑㄧㄢ」，提起。

⑥ 躩ㄐㄩㄝˊ：快步走。

⑦ 翳ㄧˋ：遮蔽，螳螂拿樹葉來掩護身體，想伺機捕捉蟬。

⑧ 見得而忘其形：只顧貪得而疏忽了自身的安全。

⑨ 見利而忘其眞：只顧貪利而疏忽了性命的安危。

⑩ 怵ㄔㄨˋ然：警惕。

⑪ 誶ㄙㄨㄟˋ：罵。

⑫ 庭：通「逞」，快，愉快。

⑬ 戮ㄌㄨˋ：侮辱。

　　莊周到雕陵的栗園在藩籬內遊玩，看見一隻奇怪的黃鵲從南方飛來，牠的翅膀有七尺寬，眼睛直徑有一寸長，碰到莊周的額頭後就停在栗樹林裡。莊周說：「這是什麼鳥呀！翅膀大卻不能高飛，眼睛大卻視力不好？」於是，莊子就撩起衣裳快步上前去，拿起彈弓想伺機射牠。這時突然有一隻蟬隱身在樹蔭裡，不知自己的危險；一隻螳螂躲在樹葉陰暗處做掩護想捕殺蟬，見獵心喜而忘卻身體的安全；那隻奇異的黃鵲就趁機攻擊逮住了螳螂，這時黃鵲卻因貪圖眼前利益而忘了性命正處於危險中，後面有人拿彈弓想射牠。莊周看到了這一切，警惕自己說：「唉！物類貪圖利益，卻忘身後的禍害，相互牽累，這蟬招引螳螂，螳螂招引黃鵲，物類因自相貪

圖召害所致！」於是丟下彈弓，調頭就走，果園管理員以爲他偷栗子，在後面追著罵他。

　　莊子返回家中，三天都不快樂。他的學生藺且跟隨一旁問道：「老師最近爲什麼不快樂呢？」莊子說：「我只顧自己和外物的接觸，卻忘記自身的安危處境，看慣了混濁的水，卻對清淵感到迷惑。我曾聽先生說：『到一個地方，就要遵從當地的習俗。』現在我到雕陵遊玩，而忘記身處的環境。當奇異的鵲鳥觸著我的額角時，我只顧著進入栗林遊玩，卻忘了自身的安危，栗林的管理員以爲我偷摘栗子，以至於侮辱我，所以我才不快樂。」

寓言 ②　鵷鶵食腐鼠〈秋水〉

　　惠子相梁，莊子往見之。或謂惠子曰：「莊子來，欲代子相。」於是惠子恐，搜於國中三日三夜。莊子往見之，曰：「南方有鳥，其名爲鵷鶵①，子知之乎？夫鵷鶵，發於南海而飛於北海，非梧桐不止，非練實②不食，非醴泉不飲③。於是鴟④得腐鼠，鵷鶵過之，仰而視之曰：『嚇！』今子欲以子之梁國而嚇我邪？」

①鵷ㄩㄢ鶵ㄔㄨˊ：鸑鳳，鳳凰一類之鳥。
②練實：竹子開花後的果實。
③非醴ㄌㄧˇ泉不飲：非甘甜清淨的泉水不喝。醴：甜酒。
④鴟ㄔ：鴟鴞ㄒㄧㄠ，貓頭鷹，喻惠施。

　　惠施當了梁惠王的宰相，莊子要去看他。有人對惠施說：「莊子來，想代替你做梁國的宰相。」惠施聽了很擔心，在國內搜尋了三天三夜，都沒找到。莊子見到惠施，對他說：「南方有一隻鳥，名叫鵷鶵，你知道嗎？這鵷鶵由南海出發，飛到北海，不是梧桐樹就不棲止，不是竹子的果實就不吃，不是甘甜的泉水就不喝。這時候，有一隻貓頭鷹，找到了一隻腐爛的老鼠。鵷鶵正好飛過，貓頭鷹抬起頭向鵷鶵怒斥一聲：『嚇！』想嚇走鵷鶵，你現在想保住你梁國相位而來嚇我嗎？」

寓言 3 愛炫耀的猴子〈徐无鬼〉

　　吳王浮於江，登乎狙①之山。眾狙見之，恂②然棄而走，逃於深蓁③。有一狙焉，委蛇④攫搔，見巧乎王。王射之，敏給搏捷矢。王命相者趨射之，狙執死。王顧謂其友顏不疑曰：「之狙也，伐其巧⑤，恃其便以敖予，以至此殛⑥也！戒之哉！嗟乎，無以汝色驕人哉！」顏不疑歸而師董梧以鋤其色，去樂辭顯，三年而國人稱之。

①狙ㄐㄩ：獼猴。
②恂ㄒㄩㄣˊ：驚慌。
③深蓁ㄓㄣ：深山。
④委ㄨㄟ蛇ㄧˊ：從容的樣子。
⑤伐其巧：誇耀牠的靈巧動作。
⑥殛ㄐㄧˊ：死，喪命。

　　吳王渡江，來到一座獼猴山。山上有很多猴子，猴子們見有陌生人來了，便紛紛躲入深山裡。只有一隻猴子，在樹枝上跳來跳去，展現牠的靈巧，不怕生人。吳王見了，便張開弓箭射去。但那猴子非常靈巧，一下就躲開，又用手接住吳王射來的箭，這猴子太矯健，大家都對牠沒辦法。於是吳王命令左右一起放箭射去，最後那隻猴子就被萬箭穿心，射死了。這時，吳王回過頭對顏不疑說：

「這猴子雖然靈巧，但牠因為誇耀其靈巧，好炫耀，愛出風頭，所以送掉性命。你要引以為戒！唉，不要用你的傲慢臉色來對待人。」顏不疑回去以後，便拜董梧為師，以去除其驕傲，摒棄享樂，辭退顯貴，三年後國人都稱讚他。

寓言 ④ 神巫給壺子看相〈應帝王〉

　　鄭有神巫曰季咸，知人之死生存亡、禍福壽夭，期以歲月旬日，若神。鄭人見之，皆棄而走。列子見之而心醉，歸，以告壺子，曰：「始吾以夫子之道爲至矣，則又有至焉者矣。」壺子曰：「吾與汝既其文，未既其實。而固得道與？眾雌而無雄，而又奚卵焉！而以道與世亢，必信，夫故使人得而相汝。嘗試與來，以予示之。」明日，列子與之見壺子。出而謂列子曰：「嘻！子之先生死矣！弗活矣！不以旬數矣！吾見怪焉，見濕灰焉。」列子入，泣涕沾襟以告壺子。壺子曰：「鄉①吾示之以地文②，萌乎不震不止。是殆③見吾杜德機也。嘗又與來。」明日，又與之見壺子。出而謂列子曰：「幸矣，子之先生遇我也！有瘳④矣，全然有生矣！吾見其杜權矣。」列子入，以告壺子。壺子曰：「鄉吾示之以天壤⑤，名實不入⑥，而機發於踵。是殆見吾善者機也。嘗又與來。」明日，又與之見壺子。出而謂列子曰：「子之先生不齊，吾無得而相焉。試齊，且復相之。」列子入，以告壺子。壺子曰：「吾鄉示之以太沖莫勝⑦。是殆見吾衡氣機也。鯢桓之審爲淵⑧，止水之審爲淵，流水之審爲淵。淵有九名，此處三焉。嘗又與來。」明日，又與之見壺子。立未定，自失而走。壺子曰：「追之！」列子追之不及。反，以報壺子曰：「已滅

矣，已失矣，吾弗及已。」壺子曰：「鄉吾示之以未始出吾宗⑨。吾與之虛而委蛇⑩，不知其誰何，因以為弟靡，因以為波流⑪，故逃也。」然後列子自以為未始學而歸，三年不出。為其妻爨⑫，食豕如食人⑬。於事無與親，雕琢復朴⑭，塊然獨以其形立。紛而封哉，一以是終。

①鄉（ㄒㄧㄤ）：曏，剛才。
②地文：即「地象」，壺子相示其一，陰氣勝陽氣的現象，形容心境寂靜不動，生機呈現靜止狀態，杜塞生機，即「杜德機」。
③殆：大概。
④瘳（ㄔㄡ）：救。
⑤天壤：壺子相示其二，陽氣通到地面，天地相通之象，啓動生機，即「善者機」。
⑥名實不入：名實不入於心，名聲和功利等雜念都排除在外。
⑦太沖莫勝：壺子相示其三，太虛無跡之象，動靜不定，一會陽氣，一會陰氣，一會生機旺盛，一會生機靜止，陰陽皆存，平衡生機，即「衡氣機」。
⑧鯢（ㄋㄧ）桓之審為淵：比喻壺子的道術深沉如大鯨魚盤旋沉洄的深淵。審：潘，深沉。
⑨未始出吾宗：壺子相示其四，始終未脫離我的本源狀態，即虛空的心境，即「虛以委蛇」。
⑩虛而委蛇（ㄧ）：無所執著，以虛空的心順隨外在變化。
⑪因以為弟（稊）靡（ㄇㄧ），因以為波流：如草之隨風傾倒，如水之隨波逐流，

草和水皆無所執著，能隨順環境而變化。比喻壺子心中沒有定相定見，故算命者難以捉摸其心。

⑫ 爨ㄘㄨㄢˋ：煮飯。

⑬ 食ㄙˋ豕ㄕˇ如食ㄙˋ人：餵豬就像侍候人一樣恭敬，沒有貴賤之分。食：飼。

⑭ 雕琢復朴ㄆㄨˊ：去除雕琢，恢復真樸。朴：樸。

鄭國有位很靈驗的相命師，名叫季咸。他替人算命，能預測出人的禍福生死，日期準確，百無一失。因此，鄭國人擔心他算出不祥的事，所以看到他就跑。列子聽說季咸相命這樣準確，就去找他，不出所料，他真的很會算，便回去向他的老師壺子說：「本來我以為老師的道術是最高的，現在我才知道還有更高的人！」壺子說：「我教你的只是文字表面的意思，還沒涉及其蘊含深意，還未進入『道』的實質內涵，你就自認懂得『道』而自曝其短。一群雌鴨，若沒有雄鴨，怎麼會孵出有生命的卵。如今我教給你只到『道』的表面虛文，還未進入『道』的實質內涵，只有表層而沒有內涵，如何實踐？你的道行還很淺，居然就下山想和人家對抗，你一定是有心爭勝，有欲望，露出形跡，所以人家就乘機把你看穿了。不信的話，你叫他來替我看相。」

隔天，列子帶了季咸來，替壺子看相。季咸看了以後，出來對列子說：「奇怪了！你的老師就要死了，活不成了。不到十天必死無疑。因為我剛才在他身上看到一團死灰。」列子聽了，哭得很傷心，進去告訴壺子。壺子說：「不要哭了，剛才我將如同地表般寂

靜不動的心境，顯示出陰冷的土相給他看，茫茫然，既沒有震動也沒有止息。他看到我閉塞的生機，所以認為我快要死了。明天你叫他再來看相。」

隔天季咸又來看相，看了以後，出去就對列子說：「這下好了。幸虧你的老師碰到我，有救了。我看到他杜塞的生機有了變化，生機開啟了。」列子進去告訴壺子。壺子說：「剛才我將天與地相應的氣，顯示給他看，名聲和功利等一切雜念都排除在外，而生機從腳跟發至全身，使他感受到暖和之氣，陽氣旺盛，因此他認為我有了一線生機。明天再叫他來看相。」

隔天季咸又來看相。季咸看了出去對列子說：「今天他的神色，陰陽變化不定。不像前天的陰冷，又不像昨天的暖和，我不能判斷。等他氣色穩定後，我再來替他看相。」列子又進去告訴壺子。壺子說：「剛才我顯示給他的相叫做『太沖莫勝』，一會陽氣，一會陰氣，一會生機旺盛，一會生機靜止，讓他無跡可尋。大魚盤桓的地方叫做深淵，靜止的河水聚積的地方也叫做深淵，流動的河水滯留的地方也叫做深淵。深淵有九種，我只拿出三種給他看，他就已經弄不清。明天再叫他來看相。」

隔天，季咸又來看相。剛一進門，腳跟還沒有站好，他就掉頭便跑。壺子說：「別讓他跑了，把他追回來。」於是，列子拔腿便追，季咸已跑得無影無蹤。列子回來對壺子說：「他跑得很快，我追不到。」壺子說：「剛才我顯示給他看的是根本未離開我的本源，回到本源，即虛空的心境。我無所執著，順物推移，順隨他應變，他不知道是誰讓我動，不知是誰讓我靜，我使自己變得像草般隨風飄搖，像水般隨波逐流，他無法理解我究竟怎麼回事，所以他

嚇跑了。」之後，列子深感自己淺薄，就像未拜師學道似地返回家中，三年不出門，虛心修練。幫他的妻子燒火做飯，餵豬就像侍候人一樣恭敬，沒有貴賤之分。對世事沒有偏私，去除雕琢，恢復質樸，超然獨立於塵世之外。雖在紛擾的人世中仍可固守本真，一直持守虛己應世，終生不渝。

以虛空之心順隨外在變化，算命者不足以看出我的喜怒哀樂。心中有欲望貪求，貌由心生，心機企圖是藏不住的，終會被識破、拆穿，或被人所利用。唯有清心寡欲、修養境界高者，才不受外物所動搖，不受環境所誘惑，心無所求品自高。

今且有人於此，以隨侯之珠，彈千仞之雀[1]，世必笑之。是何也？則其所用者重而所要者輕也。夫生[2]者，豈特隨侯珠之重哉！

①隨侯之珠，彈千仞之雀：即「隨珠彈雀」成語之由來，比喻處理事情輕重失當，得不償失。
②生：生命。

　　如果用隨侯的寶珠當彈珠去射那飛在千仞高的麻雀，世人必定會嘲笑他。為什麼呢？因為他用貴重的東西去求取輕微的東西。生命這東西，豈止像隨侯的寶珠，生命比隨侯寶珠更貴重，豈能隨意破壞！怎能為了物欲而摧殘生命，太不值得了！

113

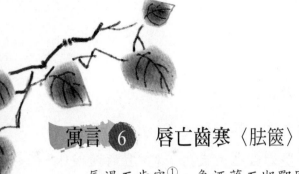

寓言 6　唇亡齒寒〈胠篋〉

　　唇竭而齒寒[①]，魯酒薄而邯鄲圍[②]，聖人生而大盜起。掊[③]擊聖人，縱舍盜賊，而天下始治矣。

①唇竭ㄐㄧㄝˊ而齒寒：通「唇亡齒寒」，唇缺而閉不緊，牙齒就會外露受寒。
②魯酒薄而邯鄲圍：楚宣王大會諸侯，但是魯恭王遲到，而且所獻的酒味道淡薄，楚宣王十分生氣，而魯恭王自恃是堂堂周公的後代，獻酒已覺失禮，又被嫌酒不好，深感被羞辱，便不告而別。楚宣王於是發兵攻打魯國。其實，魏國一直虎視眈眈想攻打趙國，但擔心楚國會發兵救趙，現在正逢楚國忙於出兵攻打魯國之際，趙國沒有楚國的保護。魏國於是趁機圍攻趙國都城邯鄲。
③掊ㄆㄡˊ：打擊。

　　嘴唇有缺陷，閉不緊，牙齒就會外露受寒。魯恭王自恃是周公後代，高高在上，態度傲慢，在乎名位，不情願地給楚宣王獻酒，其酒味道淡薄，導致楚國發兵攻打魯國而無暇保護趙國，魏國才趁機攻打趙國都城邯鄲，這兩件事其實沒有直接的關係，但卻是相互牽連，唇齒相依，一方有事，另一方隨之受影響。當聖人被刻意大力推崇時，同時也是大盜四處竄起的時候，因為這時最需要聖人來導正亂世。如果可以打消聖人的封號，到了可以原諒盜賊罪行的時候，社會就可以做到沒有所謂好人與壞人，這時天下才算是真正太平無事。社會上若沒有壞人，沒有盜賊，就不需要有聖人，也就不需蓋監獄，那時天下就真的完全太平了。

寓言 7 泥塗之龜 〈秋水〉

莊子釣於濮水，楚王使大夫二人往先焉，曰：「願以境內累矣！」莊子持竿不顧，曰：「吾聞楚有神龜，死已三千歲矣，王以巾笥①而藏之廟堂之上。此龜者，寧其死爲留骨而貴乎？寧其生而曳尾於塗中乎？」二大夫曰：「寧生而曳尾塗中②。」莊子曰：「往矣！吾將曳尾於塗中。」

①巾笥ㄙ：巾笥都作動詞，以巾裹之，以笥盛之。笥：方形竹器。
②寧生而曳ㄧˋ尾塗中：寧願活著，拖著尾巴在泥中自由自在地玩耍。塗作「泥」，指帶水之土，塗中即爛泥中。成語有「曳尾塗中」、「曳尾泥塗」。

有一次莊子在濮水邊釣魚，楚威王派了兩位大夫先去傳達旨意，對莊子說：「我們的國君要把楚國的政務重任委託你。」莊子拿著釣魚竿，頭也不回的說：「我聽聞楚國有隻占卜用的神龜，已死三千年了，楚王將牠放在竹箱內，用布巾包好，因為龜乃占卜之神器重寶，故藏在廟堂之上。這隻神龜是寧願死去，留下背骨龜甲，成為占卜之尊貴器物？還是寧願活著，拖著尾巴在泥水中自由自在地玩耍呢？」二位大夫回答：「寧願活著，拖著尾巴在泥水中玩耍。」莊子說：「你們請回吧！我將拖著尾巴在泥水中玩耍。」

隨手筆記 Notes

116

寓言 8 　獻祭的豬〈達生〉

　　祝宗人玄端①以臨牢筴②，說彘③曰：「汝奚惡死？吾
將三月犓④汝，十日戒，三日齊⑤，藉白茅，加汝肩尻⑥乎雕
俎⑦之上，則汝為之乎？」為彘謀，曰不如食以糠糟而錯之牢
筴之中，自為謀，則苟生有軒冕之尊，死得於腞楯⑧之上，聚
僂⑨之中則為之。為彘謀則去之，自為謀則取之，所異彘者何
也？

①玄端：黑色的禮帽。

②筴ㄐㄚ：木柵欄，豬欄。

③彘ㄓ：豬的別名。

④犓ㄔㄨ：豢，餵養。

⑤三日齊：三日齋戒。

⑥尻ㄎㄠ：臀ㄊㄨㄣˊ部。

⑦雕俎ㄗㄨˇ：雕有花紋的祭盤。

⑧腞ㄓㄨㄢˋ楯ㄕㄨㄣˇ：繪有文采載靈柩的車。

⑨僂ㄌㄡˊ：棺材上的彩飾。

　　主持宗廟祭祀的官吏，戴著黑色的禮帽來到豬欄旁，對著柵欄裡的豬說：「你為什麼要討厭死呢？我將餵養你三個月，還要為你守十天的戒律，吃三天素齋，在祭盤上鋪上白茅以示潔淨，然後把你的肩胛和臀部放在雕有花紋的祭盤上，你願意這樣嗎？」如果真的為豬打算，就不如在豬圈裡吃糟糠快樂。若為自己打算，就希望活在世上可享有高官之尊貴，死後有裝飾華美的靈車來送喪，和享有彩飾棺材的榮耀。為豬打算就能捨棄白茅、雕俎之類的東西，為自己打算卻想求取生時有軒冕之尊，死後有聚僂之榮，不同於豬的原因究竟是什麼呢？人既然知道為豬設想，卻很難為自己捨棄名利，放下欲望。

118

寓言 ⑨ 什麼是福氣〈徐无鬼〉

　　子綦①有八子，陳諸前，召九方歅②曰：「為我相吾子，孰為祥？」九方歅曰：「梱也為祥。」子綦瞿然③喜曰：「奚若？」曰：「梱也將與國君同食以終其身。」子綦索然出涕曰：「吾子何為以至於是極也！」九方歅曰：「夫與國君同食，澤及三族，而況父母乎！今夫子聞之而泣，是禦福也。子則祥矣，父則不祥。」子綦曰：「歅，汝何足以識之，而梱祥邪？盡於酒肉入於鼻口矣，而何足以知其所自來？吾未嘗為牧而牂④生於奧，未嘗好田而鶉生於宎⑤，若勿怪，何邪？吾所與吾子遊者，遊於天地。吾與之邀樂於天，吾與之邀食於地；吾不與之為事，不與之為謀，不與之為怪；吾與之乘天地之誠而不以物與之相攖⑥，吾與之一委蛇⑦而不與之為事所宜，今也然有世俗之償焉！凡有怪徵者，必有怪行，殆乎，非我與吾子之罪，幾天與之也！吾是以泣也。」無幾何而使梱之於燕，盜得之於道，全而鬻之則難，不若刖⑧之則易。於是乎刖而鬻⑨之於齊，適當渠公之街，然身食肉而終。

①子綦ㄑㄧˊ：南郭子綦。
②九方歅ㄧㄣ：善於看相的人。
③瞿ㄐㄩˊ然：驚喜的樣子。
④牂ㄗㄤ：牝ㄆㄧㄣˋ羊，母羊。
⑤鶉ㄔㄨㄣˊ生於宎ㄧㄠˇ：東北角落出現一隻鵪鶉。

⑥不以物與之相攖ㄥ：不和外物相互攪擾。

⑦委蛇ㄧˊ：順應自然。

⑧刖ㄩㄝˋ：切斷腳。

⑨鬻ㄩˋ：賣。

　　子綦把八個兒子全叫到跟前排列，拜託一位很會算命的人，名叫九方歅來替兒子們相命，看誰命好有福氣。九方歅說：「梱最有福氣。」子綦驚喜地說：「怎麼個福氣法呢？」九方歅答道：「梱未來終其一生將和國君一起吃飯。」子綦失望地哭著說：「我兒為何會走上這樣悲慘的命運啊！」九方歅說：「能和國君一起吃飯，所有親戚都有好處，更不用說父母親了！如今你聽了卻哭了，這就在拒絕福氣。那就是兒子有福氣，父親卻無福。」子綦說：「歅，你怎能因這樣就判斷梱有福氣呢？所有的酒肉都是進入口鼻而已，哪知道這些酒肉是怎麼來？例如：我未從事畜牧，而家中西南角落卻生出羊；不曾打獵，家中東北角落卻生出鵪鶉，你不覺得奇怪嗎？我和我兒子所遨遊的乃在天地中，我們在天理之中得到安樂，在大地中獲得食物；我們不求人世的功名，不去搞權謀，不標新立異；我們順應天地的真實，不與外物相互攪擾，我們順應自然，不去做一些諂媚世俗的事，如今竟然有了世俗的報酬！凡有怪異的徵兆，一定有怪異的事情發生，真是可怕，這不是我和兒子的罪過，大概是上天要降臨的災禍！因此我才哭。」沒多久，果然，子綦派梱去燕國，途中遭匪徒綁走，那些土匪考量，若保留他肢體完整地綁去

120

賣，一定很難看住他，不如砍掉一隻腳再綁去賣，比較容易看管。於是就先砍斷一隻腳，再賣到齊國。後來，梱正好充當齊康公的門房，一輩子都有山珍海味可吃。雖有物質享受，但身心受創，這並非真正的幸福；只要心靈滿足，平淡的生活也是一種幸福。

隨手筆記 Notes

寓言 10　籠中雞〈養生主〉

　　澤雉[1]十步一啄，百步一飲，不蘄畜乎樊中[2]。神雖王，不善[3]也。

①雉ㄓˋ：野雞。

②不蘄ㄑㄧˊ畜ㄒㄩˋ乎樊ㄈㄢˊ中：不期望被餵養在籠中。

③善：好，快樂自由。

　　沼澤邊的野雞須自食其力，走十步才找到一口食物，走一百步才喝到一口水，但牠不希望被關在籠子裡。養在籠子裡，雖不愁吃喝，不用勞神去覓食，精力雖旺盛，表面很神氣，但內心不快樂。

如何做到知足常樂？

　　欲望無限膨脹所帶來的隱憂常是無形的，若不提防，有可能會後患無窮，例如：螳螂捕蟬，黃雀在後。見利忘本，現代工廠一直再增設，廢水廢氣大增，爲了優渥的產值與虛名，忽略了空氣汙染問題，忘了自己也在呼吸這毒氣，有了面子，卻輸了裡子。若能超脫得失，才有豁達人生，因爲得到後也可能失去，故不要被眼前利益所誘，凡事知足常樂。

　　《道德經》第四十四章：「名與身孰親？身與貨孰多？得與亡孰病？甚愛必大費；多藏必厚亡。故知足不辱，知止不殆，可以長久。」美譽虛名與身家性命哪個比較切己？性命與財貨哪個比較貴重？得到名利與喪失性命哪個危害較大？過分地貪得名利必定要付出龐大的花費；過多的收藏必定導致沉重的損失。所以，懂得自我滿足就不會受到挫折屈辱，懂得適可而止就不會帶來危險，這樣就可以長久平安無事。

如何能得到精神上的快樂？

　　當心靈空虛，若想藉由感官的享樂來填補，那不過是一時的自我麻醉而已。不是每個人都愛物質享樂，也不是每個人都眷戀名位，一個有理想的人，做事有原則，絕不會趨炎附勢，會爲了實踐抱負而奮力展翅高飛，看到不同的眼界。〈逍遙遊〉：「且夫水之積也不厚，則其負大舟也無力。覆杯水於坳堂之上，則芥爲之舟；置杯焉則膠，水淺而舟大也。風之積也不厚，則其負大翼也無力。故九萬里，則風斯在下矣，而後乃今培風；背負青天而莫之夭閼者，而後乃今將

圖南。」水的聚集若不夠深，那麼就沒有足夠的力量負載大船。倒一杯水在堂前窪地，那麼放一根小草可當做船；但若放置一個杯子就膠著黏住了，這是水淺而船大的緣故。風的強度如果不夠大，那麼就沒有力量承負巨大的翅膀，所以大鵬欲飛上九萬里高空，那蓄積豐厚的風就在下面，然後才憑藉風力，背負青天而沒有什麼東西能阻礙大鵬，然後準備飛往南海。這種展翅高飛的快樂，海闊天空的視野，無拘無束的自由，實乃一境界也。

有夢最美，但天下無不勞而獲之事，為了找到人生的意義，要看得遠，飛得高，更要鍥而不捨，即使優雅如天鵝，悠游於水面上，但水面下仍不停地努力滑動。心靈上的快樂不是用想像的，而是要付諸行動，辛勤耕耘所滴下的汗珠是最感人的，六月培風，大鵬展翅，鵬程萬里之壯舉乃心境的開展與昇華。

單元七

省思世俗的規範

　　道德是內在的起心動念？還是外在的行為表現？恐怕只有表裡相應，言行合一，才能算是道德的真正落實。雖然，品德教育行之有年，禮儀教化深植民心，但社會上詐欺犯罪不減反增，各種假仁假義的手法更是高明，讓人防不勝防，道德的行為契約是否為一種假象？道高一尺，魔高一丈，還是魔高一尺，道高一丈，究竟誰能勝出？究竟在道德實踐的現場，人心隔肚皮，如何識破謊言假象？如何可以與良知為友？

　　萬丈高樓平地起，建設需要日積月累，但破壞則只在霎時，一把火就能將建設毀於一旦，心靈成長與心性修養亦是如此，需要努力耕耘，一步一步往上提升，但墮落只需一念的沉淪，因此莫忘初衷才可守護本性的純真。

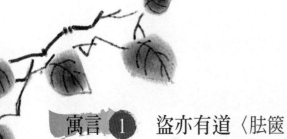

寓言 ① 盜亦有道〈胠篋〉

跖①之徒問於跖曰：「盜亦有道②乎？」跖曰：「何適③而無有道邪！夫妄意室中之藏，聖也；入先，勇也；出後，義也；知可否，知也；分均，仁也。五者不備而能成大盜者，天下未之有也。」由是觀之，善人不得聖人之道不立，跖不得聖人之道不行；天下之善人少而不善人多，則聖人之利天下也少而害天下也多。

①跖ㄓ：盜跖（柳下跖），春秋時魯國人，古代大盜，據說是柳下惠（又名柳下季）的弟弟。
②盜亦有道：大盜也須奉行聖人所講的道德。

③適：往。

　　盜跖是古代的大盜。有一天，盜跖的手下問他說：「做強盜也要奉行聖人所講的道德嗎？」盜跖說：「哪裡會沒有呢？做大盜的人，能預先猜出房子裡的財物藏在哪裡，叫做聖。偷東西的時候，一馬當先，叫做勇。偷完以後，最後才出來，斷後，叫做義。能判斷出能不能下手，叫做智。把偷來的東西分得很公平，叫做仁。如果不能具備這五種道德，而想成為一個大盜是不可能的。」由此看來，善人若不用聖人之道，就不能有所影響，不能自立。壞人若不用聖人之道，就不能橫行無阻，所以大盜不借重聖人的道德就不能成為大盜。然而，天下畢竟善人少而壞人多，如此聖人對天下的影響，也就害多利少。

　　一切禮法教條的推行，原本用來增進人民的道德感，減少作奸犯科，沒想到聰明反被聰明誤，反被盜賊當作做壞事的合理化藉口，亦做為壯大組織的護身符。

寓言 ② 竊國的大盜〈胠篋〉

　　爲之斗斛①以量之，則並與斗斛而竊之；爲之權衡②以稱之，則並與權衡而竊之；爲之符璽③以信之，則並與符璽而竊之；爲之仁義以矯之，則並與仁義而竊之。何以知其然邪？彼竊鉤④者誅，竊國者爲諸侯，諸侯之門而仁義存焉，則是非竊仁義聖知邪？故逐於大盜，揭諸侯，竊仁義並斗斛權衡符璽之利者，雖有軒冕之賞⑤弗能勸，斧鉞之威弗能禁⑥。此重利盜跖而使不可禁者，是乃聖人之過也。

①斗斛：量器，量杯。五斗爲一斛，十斗爲一石。一石＝10斗＝10升＝120斤。

②權衡：權爲秤錘，衡爲秤桿。

③符璽：符，分爲兩片，合而成一，即所謂銅魚木契。璽是王者的玉印，用以號令天下。

④鉤：腰帶鉤，腰帶扣環，比喻不值錢的東西。

⑤軒冕之賞：軒冕：官車和官帽，大夫以上所乘的車子及所戴的帽子。軒冕之賞，謂賞以高官。

⑥斧鉞之威弗能禁：大斧刑具，死刑的威嚇不能禁止人犯罪。

世人製造量器來量東西，大盜連量器都偷了，僞造量杯大小來偷斤減兩，騙取財物；世人製造秤子來秤東西，大盜卻連秤子都偷了，僞造秤子來謀取利益；世人製造印章來取信人民，大盜卻強奪官印，自立爲王；聖人提倡仁義來矯正罪行，大盜卻連仁義都偷了，利用仁義的招牌來騙取私利。怎麼知道是這樣的呢？那些偷人財物的小偷就會被處死刑，但偷人國家的大盜卻被封爲諸侯，諸侯府第內歌功頌德，有了仁義，這不就是竊取仁義和聖智的美名？那些爭相做大盜的人成爲諸侯，竊取仁義、量器、秤子、印章來騙取利益，這些大盜即使用高官厚祿的賞賜也不能勸阻他們，用嚴刑峻罰的恐嚇也不能禁止他們。盜寇如此地大發利市而無法禁止，這就是聖人失算的地方。

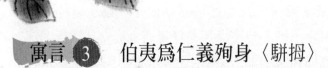

寓言 ③　伯夷爲仁義殉身〈駢拇〉

　　伯夷死名於首陽之下，盜跖死利於東陵之上，二人者，所死不同，其於殘生傷性①均也。奚必伯夷之是而盜跖之非乎！天下盡殉也。彼其所殉仁義②也，則俗謂之君子；其所殉貨財也，則俗謂之小人。其殉一也，則有君子焉，有小人焉；若有殘生損性，則盜跖亦伯夷已，又惡取君子小人於其間哉！

①殘生傷性：殘害生命，損傷本性。
②所殉仁義：爲求仁義而犧牲性命。

　　伯夷爲保有清高的名聲，不食周粟，在山西省首陽山中採薇菜充飢，最後餓死山中。盜跖爲求利而死在山東省東陵山之上，這二個人死的原因不同，但同樣地殘生損性。那麼又何必去判定伯夷的行爲是「對的」，盜跖的行爲是「錯的」！天下人都是爲貪求而犧牲性命。那些爲求仁義而死、貪名的人，世俗之人則稱他爲君子；那些爲求貨財而死、貪利的人，世俗之人則稱他爲小人。他們都爲所求而死的人，有的被稱爲君子，有的被稱爲小人；但是就殘生損性方面來看，那麼盜跖和伯夷是一樣的，在他們之間，君子和小人又有何差別！他們都因外物而傷害生命及破壞自然純眞的本性。

寓言 ④　子貢乘坐大馬車〈讓王〉

　　原憲居魯，環堵①之室，茨②以生草；蓬戶不完，桑以爲樞；而甕牖③二室，褐④以爲塞；上漏下濕，匡坐而弦歌。子貢乘大馬，中紺⑤而表素，軒車不容巷⑥，往見原憲。原憲華冠⑦縰履⑧，杖藜⑨而應門。子貢曰：「嘻！先生何病？」原憲應之曰：「憲聞之，無財謂之貧，學道而不能行謂之病⑩。今憲，貧也，非病也。」子貢逡巡⑪而有愧色。原憲笑曰：「夫希世而行，比周⑫而友，學以爲人，教以爲己，仁義之慝⑬，輿馬之飾，憲不忍爲也。」

①堵ㄉㄨˇ：量詞，計算牆的單位。

②茨ㄘˊ：以茅草蓋屋頂。

③甕ㄨㄥˋ牖ㄧㄡˇ：以破甕爲牖。牖爲窗戶。

④褐ㄏㄜˋ：粗布衣。

⑤紺ㄍㄢˋ：紫紅色，深青帶紅的顏色。

⑥軒車不容巷：車大巷小，車子不容出入。

⑦華冠：破舊開口的帽子。

⑧縰ㄒㄧˇ履ㄐㄩˋ：露出後腳跟的破鞋。

⑨杖藜ㄌㄧˊ：藜草莖做的手杖。

⑩學道而不能行謂之病：學了道卻不去實踐叫做病。

⑪逡ㄑㄩㄣ巡：進退不安。

⑫比ㄅㄧˋ周：互相勾結，比附周旋。

⑬慝ㄊㄜˋ：奸邪，邪惡的事。

孔子弟子原憲住在魯國，屋子很小，屋頂蓋著新割下未乾的茅草；蓬草編成的門有縫隙，不夠完整，用桑木做門軸，用破甕隔出兩間居室，再將粗布衣堵在破甕口上；遇到下雨天，屋頂漏水，地上潮濕，而原憲卻端端正正坐著彈琴唱歌。子貢駕著大馬車，穿著紫紅色的襯衣，外罩白色的大衣，巷小車大，不容進出，所以用走的去探望原憲。原憲戴著破洞的帽子，穿著露出後腳跟的破鞋，拄著藜杖應聲開門，子貢說：「哎！先生生了什麼病？」原憲回答：「我聽說，沒有錢財叫做貧，學了道卻不去實踐叫做病。如今我原憲，是貧困，而不是生病。」子貢聽了退後數步，面有羞愧之色。原憲又笑著說：「觀望並迎合世俗好惡而行事，互相勾結，比附周旋，交朋結友以謀取暴利，勤奮學習為了得到別人的讚賞，注重教誨是為了炫耀自己，假託仁義去做奸惡勾當的事，乘坐華麗馬車以展現富有，這些行為都是我原憲不願去做的。」

寓言 5　莊周貸粟① 〈外物〉

　　莊周家貧，故往貸粟於監河侯。監河侯曰：「諾。我將得邑金②，將貸子三百金，可乎？」莊周忿然作色③曰：「周昨來，有中道而呼者。周顧視車轍中，有鮒魚④焉。周問之曰：『鮒魚來！子何為者邪？』對曰：『我，東海之波臣也。君豈有斗升之水而活我哉？』周曰：『諾。我且南遊吳越之王，激西江之水而迎子，可乎？』鮒魚忿然作色曰：『吾失我常與，我無所處。吾得斗升之水然活耳，君乃言此，曾不如早索我於枯魚之肆⑤！』」

①莊周貸ㄉㄞˋ粟ㄙㄨˋ：又名莊周借米、涸ㄏㄜˊ轍之鮒ㄈㄨˋ、涸轍之魚、涸轍枯魚、枯魚之肆、斗水活鱗、魚的呼喚。

②邑ㄧˋ金：封地的租金。

③忿ㄈㄣˋ然作色：生氣，臉色改變。

④鮒ㄈㄨˋ魚：鯽魚。

⑤枯魚之肆：魚乾店舖。

　　莊周家貧，於是向監河侯借糧。監河侯說：「好的，我即將去收封地的稅賦，等收到就借給你三百金，可以嗎？」莊周聽了，臉色驟變，生氣地說：「我昨天來時，在半途中有個聲音呼喚我。我回頭一看，路上車輪輾過的凹處，有條鯽魚在那裡掙扎。我問牠：『鯽魚，你怎麼了呢？』鯽魚回答：『我是東海水族中的一員。你可有一斗或一升的水可以救救我，使我活下去？』我對牠說：『可以。

133

我將到南方去遊說吳王越王，引進西江之水來迎候你，可以嗎？』鯽魚變了臉色，生氣地說：『我失去我常相與共的水，沒有了容身之處。眼前只要有斗升的水，只要有這麼微薄的資助就能救活我，而你竟說出這樣的話，你還不如早些到魚乾店舖裡找我！』」

行善應發自真誠的心，並付諸行動，協助他人解決問題；不借就不借，還假仁假義，說些冠冕堂皇的話，提出緩不濟急的承諾，遠水是救不了近火。若擅長開空頭支票，找藉口推託延遲，乃是口惠而實不至。

等你挖好河，我都變魚乾了！

寓言 ⑥　抱甕灌園〈天地〉

　　子貢南遊於楚，反於晉，過漢陰，見一丈人方將為圃畦①，鑿隧而入井，抱甕而出灌，搰搰然②用力甚多而見功寡。子貢曰：「有械於此，一日浸百畦，用力甚寡而見功多，夫子不欲乎？」為圃者仰而視之曰：「奈何？」曰：「鑿木為機，後重前輕，挈水若抽③，數如泆湯④，其名為槔⑤。」為圃者忿然作色⑥而笑曰：「吾聞之吾師，有機械者必有機事，有機事者必有機心⑦。機心存於胸中，則純白不備；純白不備，則神生不定；神生不定者，道之所不載也。吾非不知，羞而不為也。」子貢瞞然⑧慙⑨，俯而不對。

①圃畦：菜園中的田埂、畦埂，用來將田地分隔出小區塊；田五十畝為一畦。

②搰搰然：水從甕中流出的聲音，灌水聲。

③挈水若抽：把井水往上引出汲取。

④數如泆湯：水快速溢出。泆即溢。

⑤槔：桔槔，古代利用槓桿原理製成的汲水機械。

⑥忿然作色：生氣變了臉色。

⑦有機事者必有機心：運用設機關的方法處理人事者，必定會產生機巧詐欺之心、投機之心。

⑧瞞然：羞愧。

⑨慙：慚愧。

子貢到南方的楚國遊歷，返回到晉國時，經過漢水南岸，看見一個老人正在菜園的田埂，挖一條水道到井邊，抱著甕取井水倒入水道裡，水就循水道汩汩地流到田埂裡，用力很多，但得到的功效很少，子貢見了說：「有一種抽水的機器，一天可以灌溉約百區的菜園，用力很少而得到的功效很多，先生為什麼不用呢？」灌溉菜園的老人抬頭看子貢，問說：「是怎麼用呢？」子貢回答說：「鑿空木頭的一端，使它後面重而前面輕，一端繫重物，一端繫水桶來抽取水，這種機器叫做桔槔。」灌園老人聽了，生氣變了臉色，後又笑說：「我聽我的老師說過，使用機械的人必定會應用機械、設機關的方法去處理人事，用機關的方法來處理人事，必定會產生機心巧詐之心、投機之心。胸中有了機心，便不能保全純潔空明的天性；不能保全純潔，就會心神不安，心神不安的人，便無法載道。我並不是不知道用機械，而是認為這樣做是羞恥的事，所以不使用。」子貢聽了覺得羞愧，低頭不答。

寓言 ⑦ 不言之教〈德充符〉

　　魯有兀①者王駘，從之遊者，與仲尼相若。常季問於仲尼
曰：「王駘，兀者也，從之遊者，與夫子中分魯。立不教，
坐不議，虛而往，實而歸。固有不言之教②，無形而心成③者
邪？是何人也？」仲尼曰：「夫子，聖人也，丘也直後而未往
耳。丘將以爲師，而況不若丘者乎！奚假魯國！丘將引天下而
與從之。」

①兀ㄨ：跀，刖ㄩㄝ，斷足的刑法。
②不言之教：不用言語的教誨，如身教。
③無形而心成：沒有形式，而只用心感化來完成教育，達到潛移默化之效。

> 　　魯國有個被砍掉一隻腳的人，名叫王駘，可是跟從他學習的
> 人卻跟孔子的門徒一樣多。孔子的學生常季向孔子問道：「王駘是
> 個被砍去一隻腳的人，跟從他學習的人和先生的弟子在魯國各占一
> 半。他站著不給人教誨，坐著不議論大事，弟子們去看他之前，心
> 中是空空洞洞的，但是看他之後，弟子們心中是滿載而歸。難道眞
> 有不用言語表達的教導，無形中能使對方心有所感而達到潛移默化
> 之效嗎？他究竟是什麼樣的人呢？」孔子回答說：「王駘先生是一
> 位聖人，我的學識和品德都落後於他，只是還沒有前去請教他。我
> 將拜他爲老師，何況學識和品德都不如我孔丘的人更應該把他當老
> 師！何止魯國！我將引領天下的人跟從他學習。」

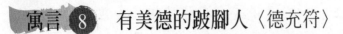

寓言 8　有美德的跛腳人〈德充符〉

闉跂支離無脤①說衛靈公，靈公說②之；而視全人，其脰肩肩③。甕𤬪大癭④說齊桓公，桓公說之；而視全人，其脰肩肩。故德有所長而形有所忘。人不忘其所忘，而忘其所不忘，此謂誠忘⑤。故聖人有所遊，而知為孽，約為膠，德為接，工為商。聖人不謀，惡用知？不斲，惡用膠？無喪，惡用德？不貨，惡用商？四者，天鬻⑥也。天鬻者，天食也。既受食於天，又惡用人！有人之形，無人之情。有人之形，故群於人，無人之情，故是非不得於身。眇乎⑦小哉，所以屬於人也！警乎⑧大哉，獨成其天！

①闉跂支離無脤：駝背、跛腳、兔唇。

②說：悅。

③其脰肩肩：頸子細小的樣子。

④甕𤬪大癭：頸瘤如大盆。

⑤人不忘其所忘，而忘其所不忘，此所謂誠忘：人們不忘所應當忘記的外在形體，而忘記了所不應當忘記的內在道德，這才叫做真正的善忘。

⑥天鬻：自然的養育，天食，天養。

⑦眇乎：眇，渺小的樣子。

⑧警乎：高大的樣子。

有一個跛腳、駝背、兔唇的人，去遊說衛靈公，衛靈公十分喜歡他，常常與他談論，看慣了他的樣子；再看到那些體形健全的人，反而覺得他們的脖子太細小了。有一個人，脖子上有大如盆的瘤，他去遊說齊桓公，齊桓公十分喜歡他；再看到那些體形健全的人，反而覺得他們的脖子太細小了。所以，只要有過人的德行，形體上的缺陷就會被人所遺忘。如果人們不忘所應當忘記的外在形體，而忘記了所不應當忘記的內在道德，這才叫做真正的遺忘。因此聖人要悠遊自在，人為的智巧是禍根，誓約是束縛，施人小惠是收買人心的工具，技巧手段是致富的方法。聖人不搞權謀，哪裡還用智巧來機關算計？聖人從不剝削，哪裡還用禮法來束縛？聖人從不喪失天性，哪裡還需用推行道德來感化人心？聖人從不囤積貨物，哪裡還用做奸商來謀取暴利？這四種就是天養。所謂天養，就是稟受大自然的養育。既然受養於大自然，又哪裡還用人為！有了人的形體而沒有人的偏私。有了人的形體，所以與人和群，沒有人的偏私，所以一般人的是與非都不影響不了他。渺小呀！與人為伍，終日計算。偉大呀！超越人群，不計較，與天合而為一。

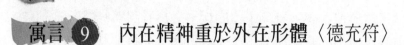

寓言 9　內在精神重於外在形體〈德充符〉

仲尼曰：「丘也嘗使①於楚矣，適見狍子②食於其死母者，少焉眴③若，皆棄之而走。不見己焉爾，不得類焉爾。所愛其母者，非愛其形也，愛使其形者④也。戰而死者，其人之葬也不以翣⑤資。刖⑥者之屨⑦，無為愛之；皆無其本矣。為天子之諸御，不翦爪⑧，不穿耳；取妻者止於外，不得復使。形全猶足以為爾，而況全德之人乎！今哀駘它⑨未言而信，無功而親，使人授己國，唯恐其不受也，是必才全而德不形⑩者也。」

① 使：出使。

② 狍亥子：豚亥，小豬。

③ 眴ㄒㄩㄣˋ：驚惶的樣子。

④ 愛使其形者：愛的是那主使形體的精神。

⑤ 翣ㄕㄚˋ：古代出殯時棺木上的飾物，形同羽扇。在此指戰場戴的戰具，盔甲，武器。

⑥ 刖ㄩㄝˋ：古代砍斷腳的酷刑。

⑦ 屨ㄐㄩˋ：鞋子。

⑧ 不翦ㄐㄧㄢˇ爪：不剪指甲。

⑨ 哀駘它ㄊㄨㄛ：虛構人名。貌醜。

⑩ 才全而德不形：保全自然天性、才性而美德不向外張揚。

孔子說：「我曾出使到楚國，正巧看見一群小豬在剛死去的母豬旁吸奶，一會兒驚惶地拋棄母豬逃跑，因為察覺母豬的眼睛無法看見小豬，母豬沒有知覺，死了，母豬和小豬已不是同類。小豬愛牠們的母親，不是愛牠的形體，而是愛支配那個形體的精神。戰死沙場的人，他們埋葬時無需用戰場上的武器盔甲當飾物來陪葬，受到被砍斷腳的人對於原來穿過的鞋子已不再需要，沒有理由要去愛惜它，這都是因為失去了根本，因為用不到了。做天子的宮女，不剪指甲，不穿耳洞；男侍若娶妻便派駐在宮外，不再回到宮中服侍。為了保全外在形體的完整，天子的侍從們尚且能做到如此，更何況德行完備的人呢？如今哀駘它還沒開口就能受到人們信任，沒有功績就能贏得人民的親近，能夠讓國君樂意把國事委託他，還深怕他不肯接受，這一定是才性完備而不炫耀美德的人。」

141

寓言 ⑩ 用愛行孝〈天運〉

　　商大宰蕩①問仁於莊子。莊子曰：「虎狼，仁也。」曰：
「何謂也？」莊子曰：「父子相親，何爲不仁？」曰：「請
問至仁。」莊子曰：「至仁無親。」大宰曰：「蕩聞之，無親
則不愛，不愛則不孝。謂至仁不孝，可乎？」莊子曰：「不
然。夫至仁尚矣，孝固不足以言之。此非過孝之言也，不及
孝之言也。夫南行者至於郢，北面而不見冥山，是何也？則
去之遠也。故曰：以敬孝易，以愛孝難；以愛孝易，而忘親
難；忘親易，使親忘我難；使親忘我易，兼忘天下難；兼忘
天下易，使天下兼忘我難。夫德遺堯舜而不爲也，利澤施於萬
世，天下莫知也②，豈直太息而言仁孝乎哉！夫孝悌仁義，忠
信貞廉，此皆自勉以役其德者也，不足多也。故曰：至貴，
國爵并焉③；至富，國財并焉；至顯，名譽并焉。是以道不
渝④。」

①商大宰蕩：商即宋，周代封殷代後裔為宋，所以稱為商。大宰即太宰，為
　官名，蕩是名字。

②利澤施於萬世，天下莫知也：大自然施恩澤給萬世，而世人沒有覺察，沒
　有被施捨的感覺，是如此自然而然的事。

③至貴，國爵并焉：最尊貴者，一國的爵位都可以因大愛而摒棄。

④是以道不渝：這是依據大道而行，大道是長存不會改變的。

142

宋國的太宰蕩向莊子請教仁的涵義。莊子說：「虎和狼也有仁愛。」太宰蕩說：「這怎麼說呢？」莊子說：「虎狼也能父子相親相愛，為什麼不能叫做仁呢？」太宰蕩又問：「請教最高境界的仁。」莊子說：「最高境界的仁就是沒有親。」太宰蕩說：「我聽說，沒有親就不會有愛，沒有愛就不會有孝，說最高境界的仁就是不孝，可以嗎？」莊子說：「不是這樣。至仁是崇高的境界，孝本來就不足以說明至仁。這並不是在批評行孝的言論，而是行孝還沒有到達至仁的境界。例如：向南方走的人到了楚國郢都，面朝北方也看不見冥山，這是為什麼呢？因為距離冥山更遠了。所以說：做到以外在的恭敬態度而來行孝很容易，但要做到以內在的愛來行孝就困難；當可以容易做到用愛來行孝，但要你忘掉他們是父母親而對他們行孝，不是為了孝順而孝順，不是為了行孝之名而行孝，而是發自無為的心，發自真心，這種行孝境界就難了；當可以容易做到忘掉應對父母盡孝的教條而行孝時，要讓父母忘掉我的孝行而覺得自然而然就比較困難；若能讓父母做到忘了我的孝行而習以為常，可以容易覺得到我的孝行是自然而然，但要推及至天下人，除了愛自己父母，也能愛天下人，做到不親不疏的地步就更難了；若能做到一視同仁，可以容易對天下人不偏私時，但要做到天下人視我這種不偏私行為是自然而然，讓我的行仁無形跡，也不炫耀張揚，這就是行仁的最高境界。

　　所謂至德，就是遺忘堯舜功績而能虛靜無為，恩澤施給萬世而世人沒有覺察，就是如此自然而然的事，而人民沒有被施捨的感覺，難道非要憂心地去推行仁孝嗎？孝悌仁義，忠信貞廉，這些道德都是用來勸勉及約束自身而拘執真性，用來役使我們的外在行

143

為，不值得刻意標榜。所以說，最尊貴者，一國的爵位都可以因大愛而摒棄；最富有者，一國的財富都可以隨著知足的心而摒棄；最顯赫者，名聲和美譽都可以隨著自然本性而摒棄。這就是依據大道而行，大道是長存不會改變的。」

寓言 11　至仁無偏愛〈庚桑楚〉

蹍[1]市人之足，則辭以放驁[2]，兄則以嫗[3]，大親則已矣。故曰，至禮有不人[4]，至義不物，至知不謀，至仁無親[5]，至信辟金[6]。

①蹍ㄋㄧㄢˇ：踩到。

②驁ㄠˋ：傲，放肆。

③嫗ㄩˋ：撫慰。

④至禮有不人：最好的禮儀就是沒有人我之分，視人如己。

⑤至仁無親：最大的仁愛就是沒有親疏之分，不偏愛。

⑥至信辟ㄅㄧˋ金：最大的誠信就是免除用金玉等貴重物品做為抵押品。

踩到街上行人的腳，就要慎重道歉，說明是自己不小心，太放肆了才犯錯，兄長踩了弟弟的腳就要撫慰，父母踩了子女的腳也就算了，不用道歉。因此說，最好的禮儀就是沒有人我之分，視人如己；最合宜的萬物秩序就是沒有物我之分；最高的智慧是不用謀慮；最大的仁愛就是沒有親疏之分，不偏愛；最大的誠信就是免除用貴重東西做抵押。

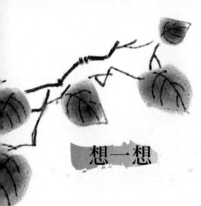

想一想

「盜亦有道」何謂假仁假義？如何防止「人善被人欺」？

　　莊子借用盜跖的話來提醒世人，事情有一體兩面，毒藥能殺人，也能救人。法律若被善人利用，就保護好人；法律若被壞人利用，就保護壞人。聖人之言可以用來教化人心，亦可被有心人士利用來當護身符，將罪行合理化，讓壞事通行無阻，似是而非，混淆價值觀。

　　聖人所提倡的「智」，重人為開發與知識累積，若被投機分子濫用，則會變成智巧和人為算計。聖人所提倡的「禮」，本意在安定社會，若被野心家借用，就會變成僵化的桎梏。聖人所提倡的「仁」，有助人際和諧，若被自私的人擅用，就會用來騙取同情心。聖人所提倡的「義」，著眼於正當行為與付出貢獻，若被心術不正者誤用，就會吸收到很多待宰的肥羊成為其囊中物。只考慮自己的利益，而不管別人的生命安全，這可說是不道德的簡單定義。

　　防人之心不可無，要有自己的判斷，不要被別人牽著鼻子走，人云亦云，要多看新聞，多觀察，才知道一些詐騙手法。近幾年來的食安問題嚴重到快變成國安問題，大廠陸續被揭發在食品中放入塑化劑，增加Q彈口感，用非法騙取大眾來賺取暴利。另外，有知名大廠昧著良心，巧立名目賣地溝油，藉由回收餿水、動物內臟、皮革廠廢棄的油脂，製造出各種食用油賣給烘焙坊、餐廳及夜市。諷刺的是這食品製毒工廠也得到 GMP 認證、SGS 認證，並曾獲得經濟部委託商會辦的金商獎選拔的殊榮。這不肖商人善用智巧，原本廢油政府有專屬單位負責回收廢油

餿水，將之提煉成生質柴油，但後來發現此油會卡住汽車油管，功效不及石化柴油，後來就減少回收，投機的食用油廠就取而代之收購，將地溝油用化學方式脫色脫臭製成香豬油，這讓大陸遊客稱讚「台灣最美的風景是人」的美譽毀於一旦。經濟發展的目的不是要讓生活更快樂、更健康，怎麼這快樂如此短暫，也如此虛假，人的核心價值在哪裡？

「竊鉤者誅，竊國者為諸侯」竊取百姓財物的小偷與竊取他國的統治者，在道德上所犯的錯，是否一樣？

兩者都一樣是錯的行為。然而，侵佔他國者卻打著仁義的旗子，正當化，名正言順地替天行道，巧立名目來滿足個人野心，為了擴張領土，讓人飽受戰亂之苦，犧牲無辜性命，於心何忍！要對道德反思，不盲從所謂的禮儀教條或世俗價值的大框框，例如：貞節牌坊。不去用固定的道德規範來鞭策別人，沒有量身訂製的道德準則，而是因時因事而異，最重要是道德感要發自內心的良善。

「自然的道德」是無私心的道德，不能為害別人，要順著人類生存之自然法則，與「人為的道德」不同，例如：君臣之禮，君要臣死，臣不能不死，這種愚忠未免太強人所為，太矯情了！不盲從世俗之所謂的道德，自己必須保持一顆清明的心，不只看到事物的表徵，更要看清事物的本質與目的，例：道貌岸然的廟公，假借幫人解災解惑而騙財騙色，或對於「天下無不是的父母」，「虎父不食子」等觀念照單全收。

藏拙、大智若愚是虛偽的行為嗎？

謙虛是必要的嗎？有學問者是謙虛的，因為學問是無止盡的，故不可自恃所學而傲世，不露鋒芒。本領不可誇，智慧不可耀，為而不爭，功成不居。老子說：「和光同塵。」，便是勸人要

自晦光芒。

2005年賈伯斯（Steve Jobs）在史丹福大學畢業典禮的演講中，令人印象最深刻的是他用他的座右銘「求知若飢，虛心若愚 Stay Hungry, Stay Foolish.」來勉勵畢業生，希望他們在畢業後仍持守謙虛的態度，不斷學習與成長。這句座右銘是引自陪他度過青春歲月的《全球概覽雜誌》（*The Whole Earth Catalog*）停刊號書裡的標語，指出在浩瀚世界裡，自己是渺小的，要用初學者的謙虛與飢餓者的渴望，對人生一直懷抱著好奇與探索，不矜誇，不炫才，虛懷若谷，認真踏實地邁向理想。

如何才能真正改善社會風氣，使人心善良純正？

用法律來管理人？用道德來教化？或用感動人心的身教？哪種途徑是有效的？其實，社會上積極制定各種道德規範和律令來約束人的外在行為，這是治標非治本，因為上有政策，下有對策，這只是讓做壞事的人想更多的辦法不讓執法者抓到，而非消除想做壞事的念頭。但丁曾指出：道德常能填補知識的空白，但知識卻永遠不能填補道德的缺陷。倫理道德不是用來邏輯論述，更不是用來強加於人，道德勸說不會真正感動人心，只有拿善行來帶出另一個善行。

《道德經》第十九章：「絕聖棄智，民利百倍；絕仁棄義，民復孝慈；絕巧棄利，盜賊無有。此三者以為文，不足。故令有所屬：見素抱樸，少私寡欲，絕學無憂。」若君王能拋棄用人為的小聰明和智巧來制定各種有為的措施，那麼人民的生活就免於受到煩擾，好處就多多。若大家都拋棄做一些假仁假義的事，那麼人民就會恢復孝慈的純真天性。若大家都拋棄巧詐和貪利的念頭，那麼盜賊就會消失。聖智、仁義、巧

利都是冠冕堂皇的藉口，不是可以全然來治理天下。因此要讓人民有所依歸：就要讓大家懷抱真樸的本心，自然而然，私心就減少了，欲望就降低了，返歸本真，就會無憂了。

「才全德不形」才質完備，美德不刻意去炫耀彰顯，而是讓內在的美德潛移默化影響別人，感化別人，而非去限制別人。道家反對道德制度化，但說真的，道家的道德理想似乎太崇高，人性難以達到，這還需要大家多努力。理想國雖遙遠，但天天進步一點亦可觀，畢竟人還是有良知的動物。

單元八

釋放負向的情緒

　　人們常說：「沒有過不去的事情，只有過不去的心情。」易怒者常火冒三丈，忘記理性，不用理智，火氣比才氣大。人被各種情緒所左右，但這情緒又被什麼所左右呢？身心的主宰者是什麼？你最常出現的情緒是什麼？如果你經常悶悶不樂，心事重重，那你是「活在過去」；如果你經常緊張焦慮，汲汲營營，那你是「活在未來」；如果你總是安然處之，隨遇而安，那你就是「活在當下」了。在檢視情緒的同時，讓莊子先說幾則有關情緒的人生百態給你聽聽！

寓言 ① 好辯者的情緒〈齊物論〉

喜怒哀樂，慮嘆變慹①，姚佚啓態；樂出虛，蒸成菌。日夜相代乎前，而莫知其所萌②。已乎，已乎！旦暮得此，其所由以生乎！

①慮嘆變慹：憂慮、感嘆、反覆猶豫、恐懼。
②萌：萌發產生之原因。

好爭辯者的情緒反應大概有八種：他們時而欣喜、憤怒、悲哀、歡樂，焦慮、嘆氣、猶豫、恐懼。好爭辯者的行為表現大概有四種：急躁、放縱、張狂、做作。其實這些狀況就像是音樂從中空的管樂吹出，又像是菌類在高溫潮濕下，由地氣蒸發而長出。這種種情緒變化日夜在大多數人心中交替出現，但卻不知道是如何發生的。算了吧！算了吧！一切都是偶然如此，懂得這一切發生的道理，不就明白了這種種情緒產生的原因？一切都從「虛」、「無」中形成，無中生有，有了欲望就有了得失心，患得患失，就有了各種情緒反應和行為表現。所以放下貪欲，放空一下心靈，回歸本然，壓力自然也就消解了。

寓言 2 不射之射〈田子方〉

列禦寇爲伯昏無人射，引之盈貫，措杯水其肘上，發之，適矢復沓①，方矢復寓。當是時，猶象人也。伯昏無人曰：「是射之射②，非不射之射③也。嘗與汝登高山，履危石，臨百仞之淵，若能射乎？」於是無人遂登高山，履危石，臨百仞之淵，背逡巡④，足二分垂在外，揖禦寇而進之。禦寇伏地，汗流至踵。伯昏無人曰：「夫至人者，上窺青天，下潛黃泉⑤，揮斥八極，神氣不變。今汝怵然⑥有恂目之志，爾於中也殆矣夫！」

①適矢ㄕ復沓ㄊㄚ：箭射出去，第二支又搭好在弦上。
②射之射：有名利心之射；「有心之射」的射法。
③不射之射：無名利心之射；「無心之射」的射法。
④逡ㄑㄩㄣ巡：後退。
⑤上窺青天，下潛黃泉：上可探知青天，下可潛察黃泉。
⑥怵ㄔㄨˋ然：驚恐的樣子。

列禦寇表演箭術給伯昏無人看。他把弓箭拉滿，左手平伸，手肘上放一杯水，右手連續發箭，動作之快速，無人能比。當第一支箭剛射出去，第二支箭就已搭在弦上。當第二支箭剛發出去，第三支箭，又已搭在弦上。列禦寇射箭時，整個人的動作，就像木偶人一樣，不動如山，左手肘上的水，一滴都沒潑出來。伯昏無人看了，笑著說：「你這種箭術，只能算是『有心射箭』的箭法，有心取勝，為求名而射箭，不是無帶名利心參賽的『無心射箭』箭法，我帶你到高山上，站在山邊的岩石上，背向萬丈深淵，你還能射箭嗎？」

　　於是，伯昏無人帶著列禦寇爬上高山，站在危岩上，背向萬丈深淵，腳掌部分懸空在外，這才拱手請列禦寇跟上前射箭。此時，列禦寇嚇得伏在地上，汗從頭上一直流到腳跟。伯昏無人說：「修養到最高境界的人，上可探知青天，下可潛察黃泉，精神自由，縱橫四面八方，無所畏懼，神色不變。你現在不過是爬上高山，就嚇成這樣子，心中驚恐，眼目昏眩，你想射中目標就很難了。」

　　在靶場打靶若得分高，並不代表到了槍林彈雨的警匪對峙現場，仍可以沉穩以對。所以能不被外在環境所驚嚇，讓表現不失常是很重要的，在動亂中仍保有專注力，盡一己之力，心中不求建功，不去搶功，全力以赴，潛力自然能發揮出來。

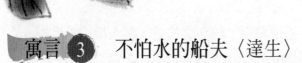

寓言 ③　不怕水的船夫〈達生〉

　　顏淵問仲尼曰：「吾嘗濟乎觴深之淵，津人^①操舟若神^②。吾問焉，曰：『操舟可學邪？』曰：『可。善游者數能。若乃夫沒人^③，則未嘗見舟而便操之也。』吾問焉而不吾告，敢問何謂也？」仲尼曰：「善游者數能，忘水也。若乃夫沒人之未嘗見舟而便操之也，彼視淵若陵，視舟之覆猶其車卻也。覆卻萬方陳乎前而不得入其舍^④，惡往而不暇！以瓦注者巧，以鉤注者憚^⑤，以黃金注者殙^⑥。其巧一也，而有所矜，則重外也。凡外重者內拙^⑦。」

①津人：擺渡的人。
②操舟若神：划船技術很神奇，巧妙如神。
③沒人：潛水的人。
④舍：心，神明之舍。
⑤憚：害怕。
⑥殙：心智混亂。
⑦外重者內拙：太看重外物者，其內心就笨拙，心思不靈巧。

顏淵問孔子說：「我曾坐船渡過名叫觴深的潭，見擺渡的船夫划船技術很神奇，巧妙如神，便問他說：『這種划船的技術可以學習嗎？』那船夫說：『可以。善於游泳的人，很快就學會。善於潛水的人，就算他沒見過船，一學就會。』我再問他，他不回答我，這是為什麼？」孔子說：「會游泳的人，很快就學會划船，是因為他熟悉水性，忘了水的危險。會潛水的人，把深淵看做高地一樣。對他來說，船翻覆了就好像是車子在倒退而已。所以水中或陸上任何危險，他都不放在心上，心無罣礙，所以他到哪會不從容！你遇到的船夫操舟如神，便是這個緣故。用瓦片作賭注者，便心思靈巧；用腰帶鉤作賭注者，便心生恐懼，擔心萬一賭輸了就賠多；用黃金作賭注者，便心智混亂，難以專心，更加擔心萬一賭輸就損失慘重。他們的技術是一樣的，但有所顧慮，在乎外物的程度不同，得失心也不同。凡太看重外物者，其內心就笨拙，心思不靈巧。」

155

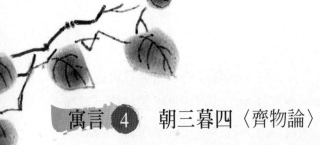

寓言 ④　朝三暮四〈齊物論〉

　　勞神明為一，而不知其同也，謂之朝三。何謂朝三？狙公①賦芧②曰：「朝三而暮四③。」眾狙皆怒。曰：「然則朝四而暮三。」眾狙皆悅。名實未虧而喜怒為用，亦因是④也。是以聖人和之以是非而休乎天鈞⑤，是之謂兩行⑥。

①狙ㄐㄩ公：養猴子的人。

②賦芧ㄒㄩˋ：給予栗子，即橡子。

③朝三而暮四：《列子·黃帝篇》早有記載「朝三」、「暮四」的故事。借此譬喻名雖不一，實卻無損。

④因是：因應自然的道理，順著這樣子。

⑤天鈞：自然而又均衡。鈞通均。

⑥兩行ㄒㄧㄥˊ：無彼此之分，兩端都能關照，物與我能各得其所，各自發展，並行不礙。聖人不執著於是非之爭論，而加以調和。

　　好爭辯者費盡心思，為了想出一致的結果，堅持自己所謂是非的立場，卻不知萬事萬物是相輔相成，道理是相通的，這就叫「朝三」。什麼是「朝三」呢？有一位養猴人餵猴子吃栗子，說：「每隻猴子早上給三升，晚上給四升。」猴子們聽了非常憤怒。養猴人便改口說：「那麼就早上給四升，晚上三升。」猴子們聽了都高興起來。名義和實際都沒有虧損，只是善用猴子喜怒不同情緒的心理

作用，參考猴子的心理反應來行事，這就叫做「因是」。所以古代聖人不用是非成敗的觀點來看事情，而是用自然界中循環變化的觀點看事情，順應自然，順著各事物本來的樣子，加以調和，平息是非之爭，悠遊地生活在自然又均衡的境界裡，這就叫「兩行」，兩端都能關照，物與我各得其所，不妨礙對方，雙方都能各自得到發展。

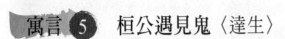

寓言 5　桓公遇見鬼〈達生〉

　　桓公田①於澤，管仲御，見鬼焉。公撫管仲之手曰：「仲父何見？」對曰：「臣無所見。」公反，誒詒②爲病，數日不出。齊士有皇子告敖者曰：「公則自傷，鬼惡能傷公！夫忿滀之氣③，散而不反，則爲不足；上而不下，則使人善怒；下而不上，則使人善忘；不上不下，中身當心，則爲病。」桓公曰：「然則有鬼乎？」曰：「有。沈有履。竈有髻④。戶內之煩壤，雷霆處之；東北方之下者，倍阿鮭蠪⑤躍之；西北方之下者，則泆陽⑥處之。水有罔象，丘有峷⑦，山有夔⑧，野有彷徨，澤有委蛇⑨。」公曰：「請問，委蛇之狀何如？」皇子曰：「委蛇，其大如轂⑩，其長如轅，紫衣而朱冠。其爲物也，惡聞雷車之聲，則捧其首而立。見之者殆乎霸。」桓公囅然⑪而笑曰：「此寡人之所見者也。」於是正衣冠與之坐，不終日而不知病之去也。

①田：畋ㄊㄧㄢˊ，獵，打獵。
②誒ㄒㄧ詒ㄧˊ：因驚嚇失魂而囈語。囈ㄧˋ即說夢話。
③忿ㄈㄣˋ滀ㄔㄨˋ之氣：鬱結之氣。
④竈ㄗㄠˋ（灶ㄗㄠˋ）有髻ㄐㄧˋ：灶裡住著叫髻的鬼。
⑤倍阿鮭ㄍㄨㄟ蠪ㄌㄨㄥˊ：鬼名。
⑥泆ㄧˋ陽：鬼名。

158

⑦峚₂：山鬼名。

⑧夔₂：山鬼名。

⑨委蛇₋：鬼名。

⑩轂₂：車輪中圓環，可讓車軸貫穿。泛指車子。

⑪軞₋然：歡笑貌。

　　齊桓公在沼澤中打獵，管仲替他駕車，突然桓公見到了鬼。桓公拉住管仲的手說：「仲父，你看到了什麼？」管仲回答：「我沒有看到什麼。」桓公打獵回去，受驚嚇而生病，好幾天不出門。齊國有位賢士叫皇子告敖對齊桓公說：「你是自己傷了自己，你是自己憂傷，哪有鬼能傷害你！身體內部鬱結著氣，精力就會離散而不能返回於身體，精力就不足；若鬱結的氣一直上升而不下降，就會使人易怒；一直下降而不上升，就會使人健忘；不上升又不下降，氣鬱結在心中而不離散，人就會生病。」

桓公說：「那麼還有鬼嗎？」皇子告敖回答：「有。水中汙泥裡有叫履的鬼，灶裡有叫髻的鬼。門戶內煩擾處，名叫雷霆的鬼住在裡面；東北方牆角下，名叫倍阿鮭蠪的鬼住著；西北方牆角下，名叫泆陽的鬼住著。水裡有水鬼罔象，丘陵裡有山鬼峷，山中有山鬼夔，曠野有野鬼彷徨，沼澤裡還有一種名叫委蛇的鬼。」桓公問：「請問，委蛇的形狀是什麼樣？」皇子告敖回答：「委蛇的身軀大如車輪，長如車轅，穿著紫衣，戴著紅帽。這種鬼最討厭聽到響聲如雷的車聲，一聽見就兩手抱著頭站住。見到的人恐怕就要做霸主了。」桓公聽了開懷大笑說：「這就是我所看到的鬼。」於是整理好衣帽跟皇子告敖坐著談話，不到一天，病就不知不覺地消失了。

　　鬼是心之魔，疑心生暗鬼，人常是自己嚇自己。齊桓公因在沼澤打獵遇鬼而得病，乃是平日患得患失，深怕不能成就霸業，憂思成疾所致，非常瞭解齊桓公心理的皇子告敖，對症下藥解除他的焦慮，讓齊桓公得以開懷大笑，心病還需心藥醫。

寓言 6　才全德不形〈德充符〉

　　哀公曰：「何謂才全①？」仲尼曰：「死生存亡，窮達貧富，賢與不肖毀譽，飢渴寒暑，是事之變，命之行也；日夜相代乎前，而知不能規乎其始者也。故不足以滑和②，不可入於靈府③。使之和豫通而不失於兌④；使日夜無郤⑤而與物為春，是接而生時於心者也。是之謂才全。」「何謂德不形⑥？」曰：「平者，水停之盛也。其可以為法也，內保之而外不蕩⑦也。德者，成和之修也。德不形者，物不能離也。」

①才全：保全才性，不讓外在處境擾亂本性的平和。面對一切處境，皆能不失其本真，即保全自然天性的能力。

②滑ㄍㄨˇ和：擾亂本性的平和。

③靈府：心靈。

④兌（悅）：天真的喜悅。

⑤日夜無郤ㄒㄧˋ（隙）：日夜沒有間斷，沒有阻礙，常保愉悅之心情。

⑥德不形：有德但不炫耀，自然而然行善不刻意顯露，不著痕跡，不張揚。

⑦內保之而外不蕩：內心保持平靜，就不易被外物所動搖。

魯哀公曰：「什麼叫做才全？」孔子說：「死、生、存、亡、窮、達、貧、富，賢能、不肖、詆毀、稱譽、飢、渴、寒、暑，這十六種人生遭遇都是事物的變化，是天命的運行；就像日與夜在我們的面前更替，然而，一般人的智慧卻不能窺見其發生的緣由。瞭解這道理後，所以外在事物變化就不會攪亂本性的平和，也不要讓外在事物變化影響我們的心靈。要使心靈平和安適，心情舒暢而不失愉悅；要使心境日夜不間斷地跟隨萬物融合在春天般的氣息裡，接觸外物時，要有與時推移之心，以無心之心順應外在一切變化。這就叫做保全才性，保全自然的天性，不讓外物擾亂本性的純和與內心的平靜。」

　　魯哀公又問：「什麼叫做德不形？」孔子說：「平，就是水徹底靜止的最佳狀態，它可以作為取法的準繩，內心保持平靜，就不易被外物所動搖。所謂德就是達到純和平靜的最高修養。有德卻不炫耀，外物自然就會親近他，不會離棄他。」

寓言 ⑦　人是無情的〈德充符〉

　　惠子謂莊子曰：「人故無情乎？」莊子曰：「然。」惠
子曰：「人而無情，何以謂之人？」莊子曰：「道與之貌，
天與之形，惡得不謂之人？」惠子曰：「既謂之人，惡得無
情？」莊子曰：「是非吾所謂情也。吾所謂無情①者，言人之
不以好惡內傷其身②，常因自然而不益生③也。」

①無情：不被情感所束縛，不要濫情，去除不合自然的多情。非指正常的情
　緒反應。
②不以好惡內傷其身：不以自己好惡愛憎等情緒傷害身心健康。
③常因自然而不益生：順應自然，不妄用各種人為方法來增加壽命。

　　惠施對莊子說：「人原本就要無情嗎？」莊子說：「是的。」
惠施說：「一個人假若沒有情，怎麼能稱為人呢？」莊子說：「道
賦予人容貌，天賦予人形體，怎麼不稱為人呢？」惠施說：「既
然稱為人，又怎麼能夠沒有情？」莊子回答說：「這並不是我所說
的情。我所說的無情，是說人不要因自己的好惡而情緒化，過度悲
喜，損傷身心健康和傷害自然純真天性，要順應自然，不妄用各種
人為方法來添加自己的價值，或增加壽命。」

寓言 ⑧ 情緒釋放〈齊物論〉

　　非彼無我，非我無所取。是亦近矣，而不知其所為使。若有眞宰①，而特不得其朕②。可行已信，而不見其形，有情而無形③。

①眞宰：眞正的主宰，即「道」。

②朕_{ㄓㄣˋ}：端倪，頭緒，跡象。

③有情而無形：眞實存在但看不到它的形體蹤跡。

　　沒有對各種境遇的情緒反應，就沒有我；沒有我的肉身，也就無法呈現各種情緒。有了這樣的認識，也就接近事物的本質，然而卻不知這一切現象受什麼所主使。彷彿有「眞宰」，但又看不到它的蹤跡及來源。然而，可從它的運行作用來相信它的存在，雖看不到它的形體，但它是眞實存在。無論情緒或肉身的保養都要符合自然的原則，情緒要釋放，勿累積，不可壓抑或隱藏情緒，物極必反，不要背道而行，如此才不會損性傷身。

寓言 ⑨　至人用心若鏡〈應帝王〉

　　無爲名尸①，無爲謀府；無爲事任，無爲知主。體盡無窮，而遊無朕；盡其所受乎天，而無見得，亦虛而已。至人之用心若鏡②，不將不迎③，應而不藏④，故能勝物而不傷⑤。

①無爲名尸ア：不做追求虛名的載體、傀儡。
②用心若鏡：心思就像鏡子般如實反映事物，隨物而變，不執著。
③不將不迎：物去不送，物來不迎。來者即照，去者不留，任物自來自往。
④應而不藏：如鏡子般如實映照事物，無所隱藏，不保留痕跡。
⑤勝物而不傷：消除物我對立，超越外物，而不被物所傷，也不損傷自己天性。

　　不做追求虛名的傀儡，不做提供謀權的智囊；不做事物成敗的擔保，不做智巧算計的主張。體驗無窮無盡的大道，悠遊在無邊無際的境域；秉受自然所賦予的天性，而不誇耀自己的成就，心境清虛淡泊而達空明的境界。修養至高的人心思就像一面鏡子，物去不送，物來不迎。對於外物是來者即照，去者不留，如實反映，而不保留痕跡。能反映外物而不被外物所傷，能超越於物欲，不執著於外物，不自傷也不傷物，無物累，無損心勞神。

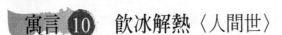

寓言 ⑩　飲冰解熱〈人間世〉

　　葉公子高①將使於齊，問於仲尼曰：「王使諸梁也甚重，齊之待使者，蓋將甚敬而不急。匹夫猶未可動，而況諸侯乎！吾甚慄②之。子嘗語諸梁也曰：『凡事若小若大，寡不道以懽成③。事若不成，則必有人道之患；事若成，則必有陰陽之患。若成若不成而後無患者，唯有德者能之。』吾食也執粗而不臧④，爨⑤無欲清之人。今吾朝受命而夕飲冰，我其內熱與⑥！吾未至乎事之情，而既有陰陽之患矣；事若不成，必有人道之患。是兩也，爲人臣者不足以任之，子其有以語我來！」仲尼曰：「天下有大戒二：其一，命也，其一，義也⑦。子之愛親，命也。不可解於心；臣之事君，義也，無適而非君⑧也，無所逃於天地之間，是之謂大戒。是以夫事其親者，不擇地而安之，孝之至也；夫事其君者，不擇事而安之，忠之盛也。自事其心者，哀樂不易施乎前，知其不可奈何而安之若命⑨，德之至也。爲人臣子者，固有所不得已。行事之情而忘其身，何暇至於悅生而惡死！夫子其行可矣。」

①葉公子高：楚國大夫，姓沈，名諸梁。

②慄：恐懼。

③寡不道以懽成：很少有不依循道而能歡喜完成。

④不臧ㄗㄤ：不求甘美。

⑤爨ㄘㄨㄢˋ：燒火煮飯。

⑥吾朝受命而夕飲冰，我其內熱與：我早上接受使命而晚上就想喝冰水解熱，我的內心很焦灼燥熱。與：歟，語助詞。

⑦天下有大戒二：其一，命也，其一，義也：天下有兩個誡命：一是命，一是義。子女愛父母，是注定的命，這是天性，無法從我們的心中解除；臣事君是應盡的義務，是必須做的事，是義。

⑧無適而非君：任何國家都不能沒有君王。

⑨知其不可奈何而安之若命：明知無可奈何，還能盡力去做，不計成敗，把成與不成交給天命，順應自然，安然接受，就像接受命運那樣。

　　葉公子高名叫諸梁，將要出使到齊國，向孔子請教說：「楚王交給我的使命很重大的，而齊國對待外來的使者，總是表面恭敬而內心傲慢，處理事情會拖延。在齊國，連普通人都很難被勸說成功，何況是齊王呢！我非常地害怕。您曾對我說：『凡事無論大小，沒有不依循道而能歡喜完成。這次我出使齊國，事如果不成，必定會遭受楚王的懲罰，是人事上的禍害；事如果成了，我則憂勞成疾，陰陽失調而生病。事情的成功或不成功都能沒有造成禍患，只有盛德的人才做得到。』我平日粗茶淡飯，不求精美，我的廚子們不必花很多時間在廚房火爐旁做飯，於是他們是不要求清涼的人。現在我早上接受使命而晚上就想喝冰水解熱，我的內心實在很焦急燥熱，心急如焚啊！我現在尚未出使，成敗都還未知，我就已經陰陽失調而生病了；如果事情再辦不成功，我又會遭受到國君的懲罰。這是兩種禍患將降臨在我身上，成與不成我都會受傷害，做人

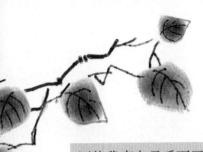

臣的我實在承受不了，夫子請教導我吧！」

孔子說：「天下有兩個足以為戒的大法：一個是命，一個是義。子女愛父母，是命，這是天性，是注定的，無法從我們的心中解除；臣子事奉君主，是義，任何國家都不能沒有君主，都會有君臣關係，這是天地之間必然的事，是無法逃避的，這就是最重要的戒命。所以子女奉養父母，無論什麼處境都要使父母安頓好，這是行孝的極至；臣子事奉君主，無論面對何事都要安然接受，不管事情有多危險都要為君王效命，這是盡忠的極至；自我修養心性的人，哀樂情緒無動於衷，不受外物所影響，明知無可奈何還能安之若命，知道事情困難，卻盡力去做，不計成敗，把成與不成交給天命，順應自然，這就是修德的極至。為人臣和人子的人，固然有時會遇到不得已的情事，但只要照實去做，根據實際狀況來辦事，不考慮自己的得失，忘記自身，哪裡還有空閒去想貪生怕死的事呢？你這樣去做就行了，你可以出發了。」

寓言 11　無牽掛的人〈寓言〉

　　曾子再仕而心再化，曰：「吾及親①仕，三釜②而心樂；後仕，三千鍾③而不洎④親，吾心悲。」弟子問於仲尼曰：「若參者，可謂無所縣⑤其罪乎？」曰：「既已縣矣。夫無所縣者，可以有哀乎？彼視三釜三千鍾，如觀鳥雀蚊虻⑥相過乎前也。」

①及親：來得及侍奉雙親。
②釜ㄈ：一釜等於六斗四升，量穀物的單位。
③鍾：一鍾等於六斛四斗。
④洎ㄐ：及，等到。
⑤無所縣：無所懸掛。
⑥蚊虻ㄇ：蚊子，夏日常見於草叢間，以吸食人畜血液。

　　曾參第二次出來做官，心境較前一次又有了變化，說：「我當年做官，雙親在世，來得及侍奉雙親，微薄的三釜俸祿令人感到快樂；但再次做官，父母親不在人世，豐厚的三千鍾俸祿趕不及贍養雙親，所以我心裡很悲傷。」孔子的弟子問孔子：「像曾參這樣至孝的人，可以說是不在乎俸祿多少，沒有牽掛的過錯嗎？」孔子說：「曾參的心思已經有牽掛了。如果內心沒有牽掛，怎麼會有哀傷的情緒？心無所牽掛的人，他們看待俸祿是三釜或三千鍾，就像是觀看麻雀或蚊虻從眼前飛過一樣，不會有失落感。」

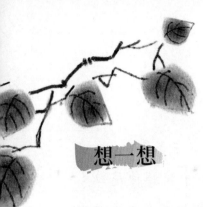

想一想

哪些人常常不快樂？心病還需心藥醫，如何克服心病？

　　貪心的人，固執的人，非要不可的人，他們在物慾橫流社會中，受到物慾的牽制，唯有放下得失心，捨棄貪名慕利才能讓身心得自由。害怕失敗的人，老是活在別人的期待下，擔心怕別人失望，患得患失，就像「飲冰的人」寓言中，擔心不成功，內心焦灼，熱得想吃冰來解熱。其實，換個角度看事情，逆境可以激發潛能，增益其所不能，所以失敗也不一定是壞事。

　　性急的人常想在最短時間內把事情完成而產生挫敗感，如何去除這種慣性情緒？當性急或同時想做兩件事，雙趨衝突而不知所措時，何不按照事情的實際情況辦事，就事論事，只要盡己之力，對得起良心即可，勿強迫自己非要表現到位不可。把自己的不安情緒抽離出來，忘掉自己利害得失，倘若能有效率地達成，也不恃才傲物；倘若失敗也不自卑自責，這樣就可以免去忐忑不安。再者，緊急的事，要慢慢說才說得清楚，才不會忙中出錯。有時我們認為急的事，其實是心急使然，急上加急，這樣說不定很難把問題看透徹，容易失焦而走了樣。

最大的敵人是自己嗎？什麼是真正的勇敢？

　　在莎士比亞的悲劇之一《特洛伊羅斯與克瑞西達》（*Troilus and Cressida*）中有一句話：「一個驕傲的人，結果總是在驕傲裡毀滅了自己。」真正聰明者是不炫耀，若要一些小聰明來譁眾取寵，反而會弄巧

成拙，聰明反被聰明誤。真正勇敢的人是不驕傲，會勇於承認自己的錯誤。

　　人生遇到困難時要勇敢面對，逃避只會讓問題蔓延，有能力時就負起責任處理它，若勢不可爲時，也要面對它，超越它，最後才放下它，這是一個過程，痛苦會過去，現在若不吃苦和勇敢面對難關，則一輩子都會是在懊悔痛苦中度過而成了儒夫行徑。聖女貞德曾說：「所有勝利和戰勝自我比起來，都是微不足道。」反觀，現在有所謂的啃老族，胸無大志，對未來得過且過，推一下，動一下。人生沒有目標，就沒有了熱情，沒有了動力。不做不會怎樣，但做了人生卻會是不一樣。人生需要有方向，要找到生命的真諦，學習「鯤鵬之變」的積極精神，爲理想起航，展翅高飛！

如何不受外物所影響？

　　保有平常心，不把得失看得太重，放下得失心，放下雜念才能專心一致，不受外界干擾，例如：在「不射之射」寓言中，「有心之射」與「無心之射」的區分就在有心之射是帶著名利心，執著於百發百中，心有所拘束；無心射箭則純粹爲了射箭而射箭，置名利得失於度外，只專注在射箭上。就像現代警匪槍戰，英勇的警察射擊時，不受外界所影響，心無旁鶩，即使四周有炸彈，有吵雜聲，也不心生畏懼而影響到射擊之技術。

　　修養高者，不以物挫志，不因得失心而影響到個人表現。至人用心若鏡，對應外物，如鏡子照物，事情來時，如實反映；事情過去，就讓它過去，心不因事而留滯執著。讓情緒自然通過，不去主宰它，不排斥痛苦，不害怕，好奇地看著它的起伏變化，並用開放的心，有創意地去找答案。

171

單元九

破解衝突的矛盾

在莊子看來，人生在世，不僅要面對自然之大限，還要面對人為之困擾。前者有其時命，是不可避免的；但後者卻是人自己給的困擾，是可避免的。自私是造成相互傷害的主因之一，雖然私心人皆有之，是天性使然，但在不損及個人權利的前提下，多用點心為別人著想，獨樂樂不如眾樂樂，愛己又愛人，不是兩全嗎？有個劇本描述一對父母的掌上明珠，她天資聰穎又愛閱讀，秀麗外表下談天說地，不落俗套，每每讓人驚艷，但她卻很任性，我行我素，心情不好就會不告而別，消失一陣子，大家拿她沒辦法，只能望穿秋水，身心俱疲。女孩的自私行徑，無視家人的心急如焚，別人因己而憂心難眠，自己又如何能安心？做為生命的共同體，不要一意孤行，而要相惜相容。然而，我能容人，但人不能容我時，我又該如何是好呢？下列幾則寓言暗喻出明哲保身的不得已。

寓言 ① 入則鳴，不入則止〈人間世〉

夫子曰：「盡矣。吾語若①！若能入遊其樊而無感其名②，入則鳴，不入則止。無門無毒③，一宅④而寓於不得已⑤，則幾矣。」

①若：你。

②入遊其樊而無感其名：進入世間名利的樊籠內仍可悠遊自在，不爲名利所動搖。

③無門無毒：不特立門戶，也不封閉門戶，不築壁壘。毒：壔ㄉㄠ之假借，累土爲臺。或纛ㄉㄠ之假借，官吏儀從之大旗，比喻招搖過街。

④宅：心靈。

⑤寓於不得已：處理一切事情都寄託於不得已，不強求。

　　孔子對顏回說：「你說得對。我告訴你！如果到了衛國，你要在名利的牢籠裡仍保有自由之心，做到不爲名利所動，衛君能聽進你的話你就諫言，不能聽進你的話就不要說。不特立，也不封閉，內心保持虛靜，不預設立場，精神專一，心靈凝聚，處事專注，全力以赴，但對結果不強求，把一切得失寄託於不得已，這樣就差不多了。」

寓言 ② 不會叫的鵝〈山木〉

　　莊子行於山中，見大木，枝葉盛茂，伐木者止其旁而不取也。問其故，曰：「無所可用。」莊子曰：「此木以不材得終其天年夫！」出於山，舍於故人之家。故人喜，命豎子殺雁[1]而烹之。豎子請曰：「其一能鳴，其一不能鳴，請奚殺？」主人曰：「殺不能鳴者。」明日，弟子問於莊子曰：「昨日山中之木，以不材得終其天年；今主人之雁，以不材死；先生將何處？」莊子笑曰：「周將處乎材與不材之間[2]。材與不材之間，似之而非[3]也，故未免乎累。若夫乘道德而浮遊[4]則不然，無譽無訾[5]，一龍一蛇，與時俱化[6]，而無肯專為；一上一下，以和為量，浮遊乎萬物之祖；物物而不物於物[7]，則胡可得而累邪！此神農黃帝之法則也。

①命豎子殺雁：命令僮僕殺鵝宴客。

②材與不材之間：有用與無用之間。

③似之而非：看似妥當，其實不然。即成語「似是而非」。

④乘道德而浮遊：順著自然之道而行事，悠遊自在生活。

⑤無譽無訾ˇ：沒有所謂的美名，也沒有所謂的批評。

⑥與時俱化：與時變化而不執著。

⑦物物而不物於物：主宰外物而不被外物所役使。

莊子在山中漫步行走，看見一棵巨大的樹，枝葉茂盛，木匠站在樹旁而不砍伐它。莊子問：「為什麼你們不砍伐它呢？」木匠說：「這樹的木質不好，沒什麼可用。」莊子聽了，便對弟子說：「這樹因為沒有用，所以才長得這樣高大，才可享盡自然的壽命吧！」莊子下了山以後，到一位朋友家去。他的朋友很高興，便叫童僕去殺鵝宴客。童僕問：「我們家的鵝，一隻會叫，一隻不會叫，殺哪一隻才好呢？」主人說：「殺那隻不會叫、不會看門的那隻鵝。」第二天，莊子的學生問：「昨天那山中的巨樹，因為無用而享盡自然的壽命；而今這隻鵝卻因為無用而被殺。請問老師，做人到底要如何自處呢？」莊子笑說：「我將處於有用和無用之間。不過，處於有用和無用之間，雖然看似妥當，其實不然，仍不免於被外物牽累。所以，只有順應變化，無所謂有用與無用，順著自然之道而行事，隨機應變就能免於困頓，沒有所謂的稱譽，也沒有所謂的批評，順著時勢而變化，如龍之顯現，又如蛇之潛藏，時現時隱，與時變化而不固執停留在一點上，就不會因偏執而受累。時而進取，時而退後，一切以順應自然之道，以和諧相處為原則，悠遊自在地生活在萬物最初的本然狀態中；主宰外物而不被外物所役使，如此，怎麼會受到外物的拖累！這就是神農、黃帝的處世原則。」

寓言 ③ 隱居不隱居〈達生〉

　　田開之見周威公。威公曰：「吾聞祝腎學生，吾子與祝腎遊，亦何聞焉？」田開之曰：「開之操拔篲①以侍門庭，亦何聞於夫子！」威公曰：「田子無讓，寡人願聞之。」開之曰：「聞之夫子曰：『善養生者，若牧羊然，視其後者而鞭之。』」威公曰：「何謂也？」田開之曰：「魯有單豹②者，巖居而水飲，不與民共利，行年七十而猶有嬰兒之色；不幸遇餓虎，餓虎殺而食之。有張毅者，高門縣薄③，無不走也，行年四十而有內熱之病以死。豹養其內而虎食其外，毅養其外而病攻其內，此二子者，皆不鞭其後者也。」仲尼曰：「無入而藏④，無出而陽，柴立其中央。三者若得，其名必極。夫畏塗者，十殺一人，則父子兄弟相戒也，必盛卒徒而後敢出焉，不亦知乎！人之所取畏者，衽席之上，飲食之間⑤；而不知為之戒者，過也。」

①篲ㄏㄨㄟˋ：掃帚ㄓㄡˇ。
②單ㄕㄢˋ豹：善養生的人。
③縣薄：懸垂門簾以代替門，比喻貧寒小戶。
④無入而藏：不要進入深山把自己隱藏起來，不用隱居山林。
⑤衽ㄖㄣˋ席之上，飲食之間：人最該畏懼的地方是在枕席上的色欲和飲食上的貪欲。

田開之拜見周威公。周威公說：「我聽說祝腎在學習養生，你跟祝腎交往，你從他那裡聽到過什麼道理呢？」田開之說：「我只不過拿起掃帚來打掃庭院，哪能聽到先生什麼教導！」周威公說：「田先生不必謙虛，我想聽聽這方面的學習。」田開之說：「聽祝腎先生說：『善於養生的人，就像是牧羊一樣，看到落後的羊就要用鞭子趕一趕。』」周威公問：「這話是什麼意思呢？」田開之說：「魯國有位叫單豹的人，在岩穴裡居住，在山泉邊飲水，不跟任何人爭利，活了七十歲還有嬰兒一樣的面容；不幸遇上了餓虎，餓虎撲殺並吃掉了他。另外有位叫張毅的人，無論富貴人家或貧寒小戶，都與他有來往，他活到四十歲便患內熱病而死去。單豹注重內心世界的修養，可是老虎吞食了他的身體；張毅注重身體的調養，可是疾病侵襲了他的內心世界，這兩個人，都是沒有把自己的不足彌補起來。」孔子說：「不要進入荒山野嶺隱居，也不要進入世俗把自己張揚，要像槁木一樣站立在兩者中間，不隱居，也不張揚。倘若以上三種情況都能做到，則可稱為是至人。走在令人畏懼的路上，例如：強盜或猛獸出沒的道路，十人中有一人被殺，那麼父子兄弟就會相互提醒和戒備，必定要讓隨行的人多起來才敢於外出，這不也很明智！其實，人最該畏懼的地方是在枕席上的色欲和飲食上的貪欲，這是常會發生的事，但人們卻不知道要為此警戒，這實在是過錯。」

寓言 4　林回棄千金之璧〈山木〉

　　子桑雽①曰：「子獨不聞假人之亡與？林回②棄千金之璧，負赤子而趨③。或曰：『為其布④與？赤子之布寡矣；為其累與？赤子之累多矣；棄千金之璧，負赤子而趨，何也？』林回曰：『彼以利合，此以天屬也。』夫以利合者，迫窮禍患害相棄⑤也；以天屬者，迫窮禍患害相收⑥也。夫相收之與相棄亦遠矣。且君子之交淡若水，小人之交甘若醴⑦；君子淡以親，小人甘以絕⑧。彼無故以合者，則無故以離。」

① 子桑雽：子桑戶，隱居者。
② 林回：假國之隱士。
③ 負赤子而趨：背著嬰兒逃跑。
④ 布：幣，價值，錢財，財貨。
⑤ 以利合者，迫窮禍患害相棄：以利益相結合的人，遇上窮困、災禍、憂患與傷害，就會相互拋棄。
⑥ 以天屬者，迫窮禍患害相收：以天性相連的人，遇上窮困、災禍、憂患與傷害，就會相互收容救助。
⑦ 君子之交淡若水，小人之交甘若醴：與君子以道相結合，交往平淡得像清水一樣；與小人以利結合，交往濃蜜像甜酒一樣。
⑧ 君子淡以親，小人甘以絕：君子淡泊名利但對人親切，小人甘甜卻易斷絕關係。

子桑雽說：「你沒有聽說過假國人民逃亡的事嗎？假國滅亡了，林回捨棄價值千金的璧玉，背著嬰兒就跑。有人議論：『他這樣做是爲了錢財嗎？可是初生嬰兒的價值太少；他是爲了怕拖累嗎？初生嬰兒的拖累太多。捨棄價值千金的璧玉，而選擇背著嬰兒逃跑，爲了什麼呢？』林回說：『價值千金的璧玉和我是以利益相結合，這個孩子和我則是純眞天性的相連，不忍丟下幼小性命。』以利益相結合的，遇上窮困、災禍、憂患與傷害，就會相互拋棄；以純眞天性相連的，遇上窮困、災禍、憂患與傷害，就會相互收容。相互收容與相互拋棄差別太遠了。此外，與君子的交往平淡如清水一樣，與小人的交往濃蜜如甜酒一樣；君子淡泊名利但對人親切，小人甘甜但易斷絕關係。所以，沒有好的緣故而相結合，那麼也會無緣無故地分離。以道相結合者友誼才長久。」

180

寓言 5　甘井先竭〈山木〉

孔子圍於陳、蔡之間，七日不火食。大公任往弔之曰：
「子幾死乎？」曰：「然。」「子惡死乎？」曰：「然。」
任曰：「予嘗言不死之道。東海有鳥焉，其名曰意怠[1]。其
為鳥也，翂翂翐翐[2]，而似無能；引援而飛，迫脅而棲；進
不敢為前，退不敢為後；食不敢先嘗，必取其緒。是故其行
列不斥，而外人卒不得害，是以免於患。直木先伐，甘井先
竭[3]。子其意者飾知以驚愚[4]，修身以明汙，昭昭乎如揭日月
而行[5]，故不免也。昔吾聞之大成之人曰：『自伐者無功，功
成者墮，名成者虧。』孰能去功與名而還與眾人！道流而不明
居，德行而不名處；純純常常，乃比於狂；削跡捐勢，不為功
名。是故無責於人，人亦無責焉。至人不聞，子何喜哉？」孔
子曰：「善哉！」辭其交遊，去其弟子，逃於大澤；衣裘褐，
食杼栗[6]；入獸不亂群，入鳥不亂行。鳥獸不惡，而況人乎！

---

①意怠：鶈䴄，似鴕鳥，嘴短扁，有三個趾，善於奔跑，不能飛翔。

②翂翂翐翐：鳥飛得又低又慢的樣子。

③直木先伐，甘井先竭：長得很直的樹木先被砍伐，甘甜的井水先枯竭。

④子其意者飾知以驚愚：你用心文飾自己的才智，讓別人驚覺其愚昧。

⑤修身以明汙，昭昭乎如揭日月而行：注重修養來顯露別人的汙濁，光亮耀
　眼的樣子就像舉著如同太陽和月亮般耀眼的火把走路。

⑥杼栗：栗子。

孔子被圍困在陳國、蔡國之間，七天七夜不能生火煮飯。大公任前去慰問他，說：「你快要餓死了嗎？」孔子說：「是的。」大公任又問：「你討厭死嗎？」孔子回答：「是的。」大公任說：「我來談談不死的方法，不被殺害的保命方法。東海有一種鳥，牠的名字叫意怠。意怠做為一種鳥，飛得又低又慢，好像不善於飛行似的；牠總要有其他鳥引領才飛，棲息時又都跟別的鳥擠在一起；前進時不敢飛在最前面，後退時不敢落在最後面；吃東西時不敢搶先，總是吃別的鳥所剩的，所以牠在鳥群中從不被排斥，而外人也終究不會去傷害牠，因此能夠免除禍患。長得很直的樹木總是先被砍伐，甘甜的井水總是先枯竭。你用文采修飾自己的才智，讓別人驚覺他們的愚昧；你注重自己修養來顯露別人的汙濁，你引人注目的樣子就像舉著如同太陽和月亮般耀眼的火把走路，不免遭來禍患嫉妒。我聽說老子曾講過：『自誇的人不會有偉大的成就功業，功業成就了而不知退讓的人必定會失敗，名聲很大而不知韜光隱晦的人必定會遭到盛名之累，受到誹謗之損害。』誰能夠摒棄功名而返回和普通人一樣！大道廣為流傳而個人則不以顯耀自居，道德盛行於世而個人則不居功，不求名聲，純樸又平常，與物混同，和狂痴愚昧的人一樣，消聲匿跡，捐棄權勢，不刻意求取功名。因此不會去責求別人，別人也不會責求自己。道德修養至高的人不求聞名於世，你又何必喜好聞名於世呢？」孔子說：「說得好極了！」於是辭別朋友故交，離開弟子，跑到山澤曠野；穿著破皮衣粗布衣，吃栗子野果：走進獸群，野獸不驚亂，進入鳥群，鳥兒不亂飛。鳥獸都不討厭他，何況是人呢！

寓言 **6** 越俎代庖〈逍遙遊〉

　　許由曰：「子治天下，天下既已治也。而我猶代子，吾將為名乎？名者實之賓也。吾將為賓乎？鷦鷯巢於深林，不過一枝①；偃鼠飲河，不過滿腹②。歸休乎君，予無所用天下為！庖人雖不治庖，尸祝③不越樽俎而代之④矣。」

①鷦ㄐ一ㄠ鷯ㄌ一ㄠˊ巢於深林，不過一枝：小鳥在深林裡築巢，所需不過一枝。鷦鷯即巧婦鳥，擅長築巢。

②偃ㄧㄢˇ鼠（鼴ㄧㄢˇ鼠）飲河，不過滿腹：鼴鼠到河裡飲水，所需不過滿腹。飲河滿腹，比喻貪多無用。

③尸ㄕ祝：祭祀時，代表神或死者受祭的活人曰「尸」，向神禱告者曰「祝」。尸祝為祭祀時讀祝文者，主祭的人。

④不越樽ㄗㄨㄣ俎ㄗㄨˇ而代之：越權代職。主祭者不能越權拿起祭祀用的酒杯和盛肉盤代替廚師準備祭品。祭祀用的酒器曰「樽」，古代祭祀時用來盛肉的器皿或盛祭品的禮器曰「俎」，如俎豆。

　　堯想把天下讓給許由，許由對堯說：「你治理天下，天下已經安定了。而我還來代替你，我難道是為了頭銜名位嗎？名位是實體的附屬品，我難道是為了求附屬品嗎？小鳥在深林裡築巢，所需不過一枝；鼴鼠到河裡飲水，所需不過滿腹。你請回吧！我沒什麼可以為天下做！廚師雖不下廚，主祭者也不能越權拿起祭祀用的酒杯和盛肉盤來代他準備祭品。」

寓言 7　申徒嘉責子產〈德充符〉

　　申徒嘉，兀者[1]也，而與鄭子產同師於伯昏無人[2]。子產謂申徒嘉曰：「我先出則子止，子先出則我止。」其明日，又與合堂同席而坐。子產謂申徒嘉曰：「我先出則子止，子先出則我止。今我將出，子可以止乎？其未邪？且子見執政而不違[3]，子齊執政乎？」申徒嘉曰：「先生之門，固有執政焉如此哉？子而悅子之執政而後人者也？聞之曰：『鑑明則塵垢不止[4]，止則不明也。久與賢人處則無過。』今子之所取大者，先生也，而猶出言若是，不亦過乎！」子產曰：「子既若是矣，猶與堯爭善，計子之德，不足以自反邪？」申徒嘉曰：「自狀其過，以不當亡者眾；不狀其過，以不當存者寡。……人以其全足笑吾不全足者多矣，我怫然而怒[5]；而適先生之所，則廢然而反。不知先生之洗我以善邪？吾與夫子遊十九年矣，而未嘗知吾兀者也。今子與我遊於形骸之內，而子索我於形骸之外，不亦過乎！」子產蹴然[6]改容更貌曰：「子無乃稱！」

---

①兀ㄨˋ者：刖ㄩㄝˋ，腳被砍斷的人。

②伯昏無人：假託的人名。

③子見執政而不違：你見到執政大臣卻不知迴避。

④鑑明則塵垢不止：鏡子明亮是因為鏡子上沒有塵垢。

⑤怫ㄈ然而怒：發怒時盛氣的樣子。

⑥蹴ㄘ然：慚愧的樣子。

　　申徒嘉是一隻腳的人，與鄭國執政大臣子產同拜伯昏無人為師。子產對申徒嘉說：「我先出去，那麼你就停下，你先出去，那麼我就停下。」到了第二天，子產和申徒嘉同在一個屋子裡、同坐在一條席子上。子產又對申徒嘉說：「我先出去，那麼你就停下；你先出去，那麼我就停下。現在我將出去，你可以停下嗎？還是你不能停下呢？你見了我這執政大臣卻不知迴避，你把自己看得跟執政大臣一樣位高嗎？」申徒嘉說：「伯昏無人先生的門下，哪有執政大臣像你這樣的？你炫耀執政大臣的地位，瞧不起別人？我曾聽說：『鏡子明亮是因為塵垢沒有黏在上面，塵垢落在鏡子上面，鏡子也就不會明亮。常和賢人在一起便會沒有過錯。』你拜師學習，為的是求取廣博的學問和美德，這正是先生所倡導的大道，而你竟說出這樣的話，豈不過分！」子產說：「你都已經如此形殘體缺，還想與堯爭善心不成，你估算一下你的德行，你受過斷足之刑還不夠你自己反省一下嗎？」申徒嘉說：「獨腳者為自己的過錯辯護，認為自己很好，不該斷足，有這樣想法的人很多；但是不為自己的過錯辯護，會承認自己不好，不該存足，有這樣想法的人很少。

　　別人因雙腳俱全來嘲笑我獨腳，像這樣的人很多。當這樣情況發生時，我常常勃然大怒；但只要來到伯昏無人先生的寓所，我便怒氣全消回到正常的狀態。你不知道先生用善心來洗淨我心中對斷足的介意嗎？我跟隨先生十九年了，可是先生從不曾覺得我是個斷了腳的人。如今你跟我拜師於先生門下，以德相交，遊於形骸之內，而你卻

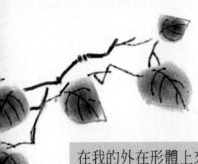

在我的外在形體上來輕視我，這豈不過分嗎？」子產聽了申徒嘉一
席話，深感慚愧，臉色頓時改變說：「請你不要再說下去！」

寓言 ⑧　虛心則無禍害〈山木〉

　　方舟而濟於河，有虛船①來觸舟，雖有惼心②之人不怒；有一人在其上，則呼張歙③之；一呼而不聞，再呼而不聞，於是三呼邪，則必以惡聲隨之。向也不怒而今也怒，向也虛而今也實。人能虛己以遊世，其孰能害之④！

①虛船：空船，無人駕駛的空船。

②惼ㄅㄧㄢˇ心：心性急躁。

③歙ㄒㄧ：翕ㄒㄧ，後退。

④虛己以遊世，其孰能害之：虛己無禍。凡事虛心以對，就能遨遊於世間而不會招惹禍害。

　　兩艘船並行渡河，一艘船突然撞過來，但這船上卻空無一人，被撞的船上雖有性急的人，卻不發怒；但如果撞過來的不是空船，而是有一人在船上，被撞船上的人就會喊：「把船帆撐開，退後！讓路！」第一聲喊叫如沒被聽見，必會再喊第二聲，第二聲若還是沒被聽見，必會再喊第三聲，接著就會惡言相向，罵起來。之前不發怒，而現在會發怒，是因為起先看見船是空無一人，現在看見船上有人。處世若能虛心，就不會與人吵架，哪會有禍害！虛己無禍，當與別人有衝突時，若能虛心以對，勿認為別人是針對自己而來，不先責備怪罪別人，別人也就不好意思再說什麼了，爭端禍患自然可免除。

寓言 ⑨ 木雞養成〈達生〉

紀渻子為王養鬥雞。十日而問：「雞已乎？」曰：「未也，方虛憍而恃氣①。」十日又問，曰：「未也，猶應嚮景。」十日又問，曰：「未也，猶疾視而盛氣。」十日又問，曰：「幾矣。雞雖有鳴者，已無變矣，望之似木雞②矣，其德全③矣，異雞無敢應者，反走矣。」

①虛憍ㄐㄧㄠ而恃ㄕˋ氣：虛有其表，不堪一擊，驕傲自恃。

②望之似木雞：心神安定，自信泰然，看上去就像一隻木頭雞。即成語「呆若木雞」的出處。

③德全：守住自然的天性，不受外界干擾。德：物秉受於道的本性。

　　紀渻子為齊宣王訓練鬥雞。第十天過後，齊宣王問：「鬥雞訓練好了嗎？」紀渻子回答：「還未好，因為這隻雞虛有其表，不堪一擊，總是高仰著頭，驕傲自恃。」過了十天，齊王又問起，紀渻子說：「還不行，這隻雞聽到其他雞的叫聲，牠就會受影響，衝動起來跟著叫，不夠沉著。」又過了十天，齊王又問起，紀渻子說：「還不行，牠東張西望，不專心，且怒氣沖沖，很浮躁。」又再過了十天，齊宣王很著急又問起，紀渻子說：「差不多了。這雞既不驕傲，也不害怕，別的雞叫囂，牠不為所動，心神安定如常，沉著的態度使牠看起來像是一隻木製的雞，守住自然的本性，不受外界干

擾，其他雞不敢來應戰，都嚇跑了。」

　　木雞養成的故事暗喻兼具謙虛和實力的重要性，唯有才德兼備者遇敵不驚，聞聲不動，不受外界干擾，也不虛張聲勢，而是真才實學，功夫練到爐火純青，心境仍是虛懷若谷。

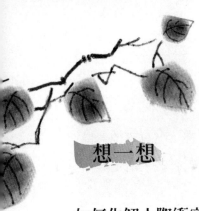

如何化解人際衝突？

現代社會，個人的權利高漲，一有不公平就上街抗議訴求，例如：抗議漲學費，校方與家長各自表述，但很難達到絕對的公平，對甲方有利，可能對乙方不利，故如何取得平衡點比較重要。人必須先要虛心，才有溝通的可能性，〈山木〉：「人能虛己以遊世，其孰能害之！」處世若能虛心，就會要求自己，不會只要求別人，謙虛待人，就不會與人爭執不休。

萬事萬物有它們的軌道，大家為各自生存榮景而努力，難免有所交鋒，觸及對方利益，要如何相安無事地共存共榮呢？首先要「不爭」，〈人間世〉：「德蕩乎名，知出乎爭。名也者，相軋也；知也者，爭之器也。二者凶器，非所以盡行也。」德的敗壞失真是由於好名心，智巧的滋生是由於爭勝心。所謂「名」是相互排擠傾軋的原因；所謂「智」是明爭暗鬥的工具，這二者都是凶器，不能作為處世的標準。白居易有一首養生詩〈對酒詩〉：「蝸牛角上爭何事，石火光中寄此身。隨富隨貧且隨喜，不開口笑是癡人。」人活在世上，渺小地就像侷促在那小小的蝸牛角上，有什麼好爭呢？只有小眼界者，短視近利才會兵戎相見，為了地盤爭個死活。再者，蝸牛的角似有，但內收後就不見了，人寄託在這宇宙中，有如石頭間磨擦所產生的火花那麼短暫，霎時即逝，有何好爭？是富或是貧皆好，最重要是要能知足常樂，樂觀快活，若為了貧而求富，或富要更富，一輩子作為錢的奴隸，那麼就成了愚癡之人。除

了不爭，更要保有樂觀、達觀，遇到人事紛爭時方能不為事所困，做到一笑泯恩仇，化戾氣為祥和的宏觀胸襟。

「入世不為世所累，處事不為事所困」這是積極或是消極的人生觀？

若生命受到威脅或身心不自由時，外來的一切高官厚祿都是虛假的，因此安頓身心，不受物所累，不為事所困，而仍保有真我，實乃為積極的人生觀。莊子由「入世」進而「超世」，但非「遁世」，否則他也不會講出那麼多發人省思的名言，來開導人如何跳脫成見偏執與心靈桎梏，並鼓勵人善用自然天賦，展現本真天性，活出逍遙自在的人生。莊子雖身處亂世，心卻能超然物外，知足感恩，不抱怨命運，悠遊自得於現實生活中，可謂是逆境中的生活達人。

一般鬥雞與道家的鬥雞有何不同？

	一般的鬥雞	道家的鬥雞（木雞）
個性	·鬥志激昂，傲視一切 ·先發制人，制敵機先 ·虛有其表，不堪一擊 ·毛躁衝動，怒目相向	·忘身，忘己，放下得失心 ·無成敗榮辱，不受外界干擾 ·德全：守住自然之本性，不驕傲，不害怕，有自信
與外界關係	·與外在世界對立，就有緊張，患得患失，精神就渙散	·與外在世界沒有對立 ·精神集中專一，展現實力 ·態度沉穩，高深莫測，敵人無從猜測牠，不知從何對抗牠

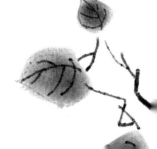

參加任何比賽，只要得失心太重，患得患失，就容易表現失常。故只有放下成敗得失，不要耗太多能量在緊張的情緒上，分心在擔憂方面，自然而然能全神貫注，聚焦在參賽上，展現自我特色，分享所學，才是參賽的意義所在，若只為角逐名次就是捨本逐末了。

單元十

發展適性的才能

　　死亡並不可悲，可悲的是沒有真正地活過。你瞭解自己嗎？你的親朋好友真正瞭解你嗎？你會為了自己的興趣而放棄站在人人稱羨的成功舞台上？有誰會支持你？人生貴在活出自我，符合自然之性，找到適合自己做的事，才能長長久久樂在其中。人生不設限，夢想有多大，世界就有多大，勇敢做自己！

寓言 1　螳臂擋車〈人間世〉

　　汝不知夫螳蜋①乎？怒其臂以當車轍②，不知其不勝任也，是其才之美者也。戒之，慎之！積伐③而美者以犯之，幾矣。

①螳蜋：螳螂。
②怒其臂以當車轍：奮力舉起臂膀去阻擋車輪。
③伐：誇耀。

　　你不知道那螳螂嗎？奮力舉起臂膀去阻擋車輪，而不知自己的力量不能勝任，這是高估了自己的能力的緣故。要小心，謹慎啊！如果你不自量力，屢次誇大自己的長處去觸犯別人，你就和這隻螳螂差不多，生命有危險了。

194

寓言 ❷　養虎的人〈人間世〉

　　汝不知夫養虎者乎？不敢以生物與之[①]，爲其殺之之怒[②]也；不敢以全物與之，爲其決之之怒也；時其飢飽，達其怒心。虎之與人異類而媚養己者，順也；故其殺之者，逆也。

①不敢以生物與之：不敢拿活物餵老虎。
②爲其殺之之怒：因爲怕老虎在撲殺活物時，會激起牠兇暴的天性。

　　你不知道那養老虎的人嗎？不敢拿活物餵老虎，是因爲怕牠撲殺活物時，會激起牠的兇暴天性；不敢拿完整的食物餵牠，是因爲怕牠撕裂食物時，會激怒牠的殘忍天性。知道牠飢飽的時刻，順著牠喜怒的性情。雖然虎與人是異類，卻能馴服於養牠的人，是因爲順著牠的性子；老虎之所以會傷人，是因爲人違逆了牠的性子。

195

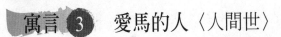

寓言 3　愛馬的人〈人間世〉

　　夫愛馬者，以筐盛矢①，以蜄盛溺②。適有蚊虻僕緣③，而拊之不時④，則缺銜毀首碎胸。意有所至而愛有所亡⑤。可不慎邪！

①以筐盛矢：用竹筐去接馬屎，馬糞。

②以蜄盛溺：用珍貴的大蛤當作容器去接馬尿。

③適有蚊虻僕緣：恰巧有蚊虻附著在馬背上吸血。

④拊之不時：不合時宜，出其不意地拍打。

⑤意有所至而愛有所亡：當我們的心意太投注在某一方面，就會忽略另一面，導致本來的愛意被誤解。

　　愛馬的人，以竹筐去接馬糞，以珍貴的蛤殼去接馬尿。恰巧有蚊虻附著在馬背上吸血，而愛馬人出其不意地拍打馬背趕蚊，馬就受驚嚇而咬斷銜在馬口上的勒繩，毀壞頭上的籠頭，弄碎胸上的絡轡。「意有所至而愛有所亡」本意是出於愛馬，結果卻適得其反，溺愛的結果卻是招來馬受驚嚇與生氣，愛之足以害之，這能不謹慎嗎？

寓言 ④ 匠石與郢人〈徐无鬼〉

　　莊子送葬，過惠子之墓，顧謂從者曰：「郢人堊漫其鼻端①，若蠅翼，使匠石斲之②。匠石運斤成風③，聽而斲之，盡堊而鼻不傷，郢人立不失容。宋元君聞之，召匠石曰：『嘗試為寡人為之。』匠石曰：『臣則嘗能斲之。雖然，臣之質④死久矣。』自夫子之死也，吾無以為質矣，吾無與言之矣。」

①郢人堊漫其鼻端：郢地有人把石灰塗在鼻尖上。
②匠石斲之：匠石削掉塗在郢人鼻尖上的石灰。
③運斤成風：揮斧像風一樣快。斤即斧。
④質：質的，箭靶，對象，搭檔。

　　莊子給親友送葬，途中經過惠施的墳墓，回頭對跟隨他的人說：「郢地有人把石灰塗在鼻尖上，像蒼蠅翅膀那樣薄，請一位匠石替他削掉。匠石揮動斧頭像風那樣快，隨手劈下，石灰完全削除而鼻子沒有受到絲毫損傷，郢人則站著面不改色。宋元君聽了，召見匠石說：『替我試試看。』匠石回答：『我從前確實能削，但是，我的搭檔已經死去很久了。』自從惠施去世，我就沒有對手了，我沒有可以談論的對象了。」

　　遇到懂自己的人是很幸運的事，若能彼此培養出默契，有好搭檔那才華更能充分展現，可發揮出最大效能。

197

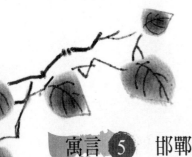

寓言 ⑤　邯鄲學步〈秋水〉

　　且子獨不聞夫壽陵餘子①之學行於邯鄲與？未得國能，又失其故行矣，直匍匐②而歸耳。

①壽陵餘子：燕國少年。壽陵為燕國地名。
②匍匐ㄈㄨˊ：爬行。

　　你難道沒有聽過有一位燕國少年模仿邯鄲人走路姿態的事？燕國少年到趙國邯鄲，看到那裡的人，走路姿態很美，腰上玉珮隨著步伐律動，鳴玉珮聲音優雅，投手舉足之間輕巧有致，好看極了。就跟著學了起來。結果不但學得不像，而且連自己原來的走法也忘了，只好爬著回家。若沒了自己的風格而盲從流行，就有可能陷入畫虎不成反類犬之窘境。

寓言 6　東施效顰〈天運〉

西施病心而顰[①]其里，其里之醜人見之而美之，歸亦捧心而顰[②]其里。其里之富人見之，堅閉門而不出，貧人見之，挈[③]妻子而去走。彼知顰美，而不知顰之所以美。

①西施病心而顰ㄆㄣˊ：西施胸口痛時，就皺著眉頭。顰即蹙ㄘㄨˋ，蹙ㄘㄨˋ額，皺眉。
②捧心而顰：摀ㄨˇ著胸口，皺著眉頭。
③挈ㄑㄧㄝˋ：帶領，牽著。

住在同一鄉里的西施，她胸口痛時，就皺著眉頭。同村的一位醜女看見西施這樣子，覺得很美，回去時也模仿她摀著胸口，皺著眉頭，在鄉里間走動。村裡的富人看見她這樣，都緊閉大門不願出來看這個醜女，窮人見了，帶著妻子兒女躲著她跑走。這位醜女只知道西施皺著眉頭很美，卻不明白她皺眉的樣子為什麼美？

東施的醜陋與刻意做作，弄巧成拙，而醜上加醜。一味模仿表面的東西，而不能明白其內涵深意，可會抓錯方向，適得其反。

199

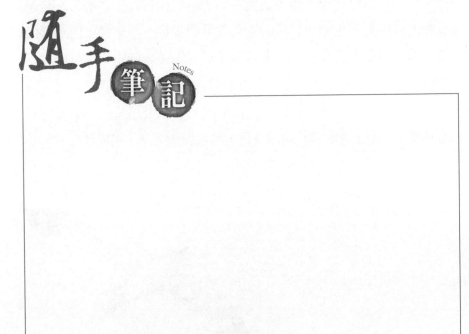

寓言 7 人盡其才〈應帝王〉

夫聖人之治也，治外①乎？正而後行②，確乎能其事者③而已矣。且鳥高飛以避矰弋④之害，鼷鼠⑤深穴乎神丘之下，以避熏鑿之患，而曾二蟲之無如！

①治外：治理外表，只用一些律法規範來約束人民的外在行為。

②正而後行：端正自己的本性而後感化他人。

③確乎能其事者：任人各盡其所能，讓人民做他們確實能做的事。各適其性發展，不強人所難。

④矰ˊ弋ˋ：繫著絲繩射鳥的短箭，用繩繫箭射鳥。

⑤鼷ㄒ鼠：小鼠。

聖人治理天下，難道只治理外表的事，只是用一些律法來限制人民的外在行為嗎？君王應先端正自己的本性而後感化他人，任人各盡其所能，讓人民做他們確實能做的事罷了。鳥兒尚且懂得高飛以躲避弓箭的傷害，老鼠尚且知道深藏在神壇下的洞穴以避開人用煙燻鑿掘的禍患，難道人會連這兩種小動物都不如嗎？難道人們不知道用各種方法來保住自己的利益？

鳥和鼠天生就有生存的技能，不用被教就會懂得躲避危險。人比鳥和鼠更聰明百倍，更會為自己謀求私利，逃避責任，所以治理百姓若只用律法制度，難保上有政策，下便有對策，防不勝防。此外，人有與生俱來的天賦，君王應讓能事者確實去發揮其才能，任人各盡其所能。為政者應以德化民，不是用教條法規來形塑人的道德行為，而是要用道德去感化人，並去發掘人的本真天性，找到適合的人來為大家服務，使人盡其所能，任人適性發展，適才適用。

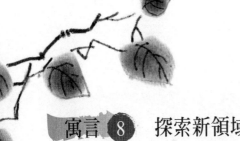

寓言 8 探索新領域〈庚桑楚〉

學者，學其所不能學也；行者，行其所不能行也；辯者，辯其所不能辯也。知止乎其所不能知，至矣；若有不即是者，天鈞①敗②之。

①天鈞：自然天性，自然均衡的狀態。
②敗：虧損。

要學習的人，是學他所沒有學過的東西；實踐的人，是要做那些他還未做到的事；辯論的人，是辯他所還未弄通的東西。知的探索是要他把學習目標訂在他所未知的境域，這便是極至；如果不這樣有著生生不息無窮變化，那麼自然天性就要虧損。若重複學習已知道的，重複做已做過的，這就是在浪費生命。

寓言 9 自適其適〈駢拇〉

　　且夫屬其性乎仁義者，雖通如曾史[1]，非吾所謂臧[2]也；屬其性於五味，雖通如俞兒，非吾所謂臧也；屬其性乎五聲，雖通如師曠，非吾所謂聰也；屬其性乎五色，雖通如離朱，非吾所謂明也。吾所謂臧者，非仁義之謂也，臧於其德而已矣；吾所謂臧者，非所謂仁義之謂也，任其性命之情而已矣；吾所謂聰者，非謂其聞彼也，自聞而已矣；吾所謂明者，非謂其見彼也，自見而已矣。夫不自見而見彼，不自得而得彼者，是得人之得而不自得其得者也，適人之適而不自適其適者[3]也。夫適人之適而不自適其適，雖盜跖與伯夷，是同為淫僻也。余愧乎道德，是以上不敢為仁義之操，而下不敢為淫僻[4]之行也。

①曾史：曾參，史鰌ㄑㄧㄡ。
②臧ㄗㄤ：善，本性完善。
③適人之適而不自適其適者：適從別人的心意，而沒有適從自己的心意的人。
④淫僻ㄆㄧˋ：偏僻的行徑。

改變自己的本性去跟從仁義，即使有如同曾參和史鰌那樣通曉仁義的修習，卻不是我所認為的自性完善；改變自己的本性去訓練辨識五味的能力，即使有如同俞兒那樣通曉味道，卻不是我所認為的味覺完善；改變自己的本性去訓練辨識五聲的能力，即使有如同師曠那樣通曉音律，卻不是我所認為的聽覺聰敏；改變自己的本性去訓練辨別五色的能力，即使有如同離朱那樣通曉色彩，卻不是我所認為的視覺明敏。我所謂的本性完善，不是所謂的仁義，而是順其性的自得罷了；我所說的本性完善，不是外在的仁義，而是順任天性、保持真情罷了。我所說的聽覺聰敏，不是說求能聽到什麼，而是可以自然地去傾聽罷了。我所說的視覺明敏，不是說求能看見什麼，而是出於自然地放眼去欣賞罷了。不能看清自己的內心而只看到外在事物，不能安於自得而向外追逐的人，這種追逐外物的心，不去取得合乎本性的應得，而是追逐本性之外的妄得，是得到外物所帶來的貪得，而失去合乎本性的應得之物，這是去符合人為的社會期待，歸向別人的心意，而沒有歸向自己的心意，沒有真正做自己。歸向別人的心意，沒有歸向自己應歸向的去處，雖盜跖和伯夷不同，但他們所做的都一樣是錯的，都在向外求，求利求名。我對外在的道德行為覺得羞愧，因此，上不敢奉行仁義的操守，下不敢做邪僻的壞事，而返歸於純真的本性而行事。

　　任耳目自然地去聽、去看，不求什麼特殊才能，不求在自己本性上，人為地增加什麼或減少什麼，不為追求特殊榮譽而捨棄自然本性，或勉強自己求取本性之外的東西。

寓言 ⑩ 學習的階段〈寓言〉

顏成子游謂東郭子綦曰:「自吾聞子之言,一年而野,二年而從①,三年而通②,四年而物,五年而來,六年而鬼入,七年而天成③,八年而不知死,不知生,九年而大妙④。」

① 從:從順世俗,不固執。
② 通:豁然通達,不受拘束。
③ 天成:與自然相合。
④ 大妙:體悟大道玄妙之境界。

顏成子游對東郭子綦說:「自從我聽了你的講道,一年之後我的生活就返歸質樸,兩年之後就順從世俗,不固執,三年後豁然通達,不受拘束,四年後與物混同,五年眾人來歸,六年心領神會,七年與自然相合,八年就忘卻生死,九年之後便體悟大道玄妙的境界。」

學習是有階段性,順著自然本性,體會領悟,不可操之過急,須循序漸進,並勤加練習,才能熟練生出百巧來。

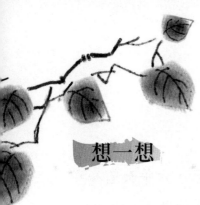

想一想

「愛之足以害之」原因何在？

　　以己度人，用自己的心思去猜測別人，主觀臆斷，把自己認為最好的方式用在別人身上，這也許行不通，一樣米養百樣人，每個人的才質與傾向不同，故不能以偏概全。人與人之間存在很大的個別差異，何況人與物之間更是千差萬別！在「愛馬的人」寓言中，過度溺愛，違反自然而導致死亡就是個鮮明的例子。

　　過度學習也是違反自然，終將適得其反，最重要是認清自己所需，學太多東西，反而會忘掉學過的東西或弄迷糊，就像邯鄲學步的燕國少年，學不成新的，舊的也忘記，一心二用，到頭來抱得兩頭空。有些父母擔心子女輸在起跑點上，勉強小孩上各式才藝班。愛之深，責之切，恨鐵不成鋼，安排超時的補習，求好心切反倒成了揠苗助長，小小幼苗不堪負荷而倒下。回溯其根源都是出於人為刻意的愛，違反自然的發展，把大人的價值觀強加在子女身上，一味地在成績上苛求，忽略適才適所之重要，若能適性發展，因材施教，方可順其自然之性，得到最好的發展。

如何開發潛能？

　　在《深夜加油站遇見蘇格拉底》（*Peaceful Warrior*）書中，描述一位傑出的運動員不斷向外追逐更高得獎肯定而接受魔鬼訓練，他在一場意外中受重傷而被迫放棄比賽，心理受盡折磨而走不出來，他的控制

欲完全被擊敗，不能在球場叱吒風雲。後來經貴人點醒，回歸內在，開發心靈世界，那來自內在無形的力量克服了一切。其中發人深省是指出戰士的第一層體悟是「放空」，清除腦中的雜念，放掉驕傲和自以為是，因為這些會讓人看不到自己真正的潛能，不要想控制一切。做你所愛，而非被渴望所淹沒，非得金牌不可，不要去想自己不能決定的事，專心在「當下」的事，拋開雜念，不用腦思考，而用心去感受，心無旁騖，專注才可將潛能發揮出來。

眞正的戰士不必是戰無不克，他可以脆弱，但他不放棄所熱衷的事，在他的所作所為中找到愛及生命意義。凡事都有意義，失敗也有意義，過程才是最重要的，快樂泉源來自旅程中任何部分，而非只有目的地。一路上的興奮，滿心期待和腳下的東西，都可能為自己生命帶來無法估計的資源和能量。

單元十一

臻至無為的社會

　　無為不是什麼都不做，也不是什麼都可以做。無為無不為，「無」可以生出「有」，「無」本身可以實現「有」的功效。無為是一種心態，依循大道，道法自然，不違反自然，不刻意作為，愛民不偏私，順任自然，讓人民得到最好的發展，無形中社會帶來改變的力量。違反人性的集權專制或壓制言論終究是無效的，譬如：在歐洲咖啡文化已盛行好幾世紀，很多人喜歡與朋友喝著香濃咖啡暢談心事，咖啡館更是騷人墨客的搖籃。統治者因害怕人民借喝咖啡為由，集會結社，批評政府，所以曾有國王下令禁止人民喝咖啡，並關閉咖啡館，但很快這禁令就不攻自破。壓制民意是消極防堵的做法，非明智之舉。此外，執政者為了擴張勢力而發動戰爭，使得社會紛爭不斷、衝突頻仍，不顧百姓安危，更是令人髮指。

寓言 ① 蝸牛觸角上的兩國〈則陽〉

　　惠子聞之而見戴晉人。戴晉人曰：「有所謂蝸者，君知之乎？」曰：「然。」「有國於蝸之左角者曰觸氏，有國於蝸之右角者曰蠻氏，時相與爭地而戰，伏尸數萬，逐北旬有五日而後反。」君曰：「噫！其虛言①與？」曰：「臣請為君實之。君以意在四方上下有窮乎？」君曰：「無窮。」曰：「知遊心於無窮，而反在通達之國，若存若亡乎？」君曰：「然。」曰：「通達之中有魏，於魏中有梁，於梁中有王。王與蠻氏，有辨乎？」君曰：「無辨。」客出而君惝然②若有亡也。客出，惠子見。君曰：「客，大人也，聖人不足以當之。」惠子曰：「夫吹筦③也，猶有嗃④也；吹劍首者，吷⑤而已矣。堯舜，人之所譽也；道堯舜於戴晉人之前，譬猶一吷也。」

①虛言：虛假的話，謊話。
②惝[ㄔㄤ]然：悵然，失意的樣子。
③筦[ㄍㄨㄢ]：竹簫。
④嗃[ㄒㄧㄠ]：吹竹管的聲音，聲音大。
⑤吷[ㄒㄩㄝ]：聲音小。

惠施向魏惠王推薦一位賢人，名叫戴晉人。戴晉人對魏惠王說：「有一種叫蝸牛的小動物，君王知道嗎？」魏惠王說：「知道。」戴晉人說：「在蝸牛的左角上有個國家叫觸氏，右角上有個國家叫蠻氏，牠們常常爲了爭地盤而出戰，屍橫遍野，死傷無數，牠們追趕敗兵要十五天才能返回。」魏惠王說：「咦！這是謊話嗎？」戴晉人說：「我爲君王證實這些話。請君王猜測，在天地四方上下，有盡頭嗎？」魏惠王說：「沒有止盡。」戴晉人說：「使自己的心神在無盡的境域遨遊，再返回到人跡所在的各國之間，這狹小的生活圈在無窮的境域中，會感覺若有似無嗎？」魏惠王說：「會。」戴晉人說：「四通八達的各國之間有個魏國，魏國之中又有個梁邑，梁邑之中有個君王。這個君王和蠻氏相比，有沒有分別呢？」魏惠王說：「沒有分別。」戴晉人告辭離開後，魏惠王心中悵然若有所失。

　　戴晉人離開後，惠施去見魏惠王，魏惠王說：「戴晉人是有大德的人，聖人不足以和他相提並論。」惠施說：「吹竹簫的聲音大且長，嘟嘟作響；吹劍頭的環孔聲音很細小，發出絲絲聲罷了。堯與舜，都是人們所讚譽的聖人；在戴晉人面前稱讚堯與舜，就好比那微弱的絲絲聲罷了。」

210

寓言 ② 涉海鑿河〈應帝王〉

肩吾①見狂接輿②，狂接輿曰：「日中始何以語汝？」肩吾曰：「告我君人者以己出經式義度，人孰敢不聽而化諸！」狂接輿曰：「是欺德也。其於治天下也，猶涉海鑿河③，而使蚊負山④也。」

①肩吾：虛構人物。
②接輿：楚國隱士陸通，字接輿。
③涉海鑿河：涉水下海開鑿河道，比喻不能成功。
④使蚊負山：叫蚊子背負大山，比喻不能成功。

肩吾拜會隱士狂人接輿。狂人接輿說：「你的老師日中始用什麼來教導你？」肩吾說：「他告訴我，做國君的人若能自己去制定禮儀律法，並確實執行。那麼，百姓誰敢不聽從歸化呢？」接輿說：「這完全是騙人的做法，以這種不合自然、強人所難的方法來治理天下，就好像徒步下海去開鑿河道，或讓蚊蟲背負大山一樣，是行不通的，是騙人的。」

寓言 ❸ 治理天下的方法〈應帝王〉

天根遊於殷陽，至蓼水①之上，適遭無名人而問焉，曰：「請問為天下。」無名人曰：「去！汝鄙人也，何問之不豫也！予方將與造物者為人②，厭，則又乘夫莽眇之鳥③，以出六極之外，而遊無何有之鄉，以處壙埌之野④。汝又何帛⑤以治天下感予之心為？」又復問。無名人曰：「汝遊心於淡，合氣於漠⑥，順物自然而無容私焉，而天下治矣。」

① 蓼ㄌㄧㄠˇ水：杜撰之地名，在趙國境內。
② 與造物者為人：我正要與大道為友，與大道同遊。人通「偶」，相伴。
③ 乘夫莽眇ㄇㄧㄠˇ之鳥：以清虛之氣為鳥，駕馭遨遊在太虛之中。
④ 壙ㄎㄨㄤˋ埌ㄌㄤˋ之野：遼闊廣漠之荒野。
⑤ 帛ㄟˋ：夢話，謊話。
⑥ 汝遊心於淡，合氣於漠：讓心悠遊於恬淡純真之境，讓氣聚合於清靜無為之域。

天根去殷山的南面遊玩，走到蓼水河邊，正巧遇到無名人而向他請教，說：「請告訴我治理天下的方法。」無名人說：「去吧！你見識淺薄，怎麼問這個讓人不愉快的問題！我正打算與造物者同遊，若我厭煩時，就以清虛之氣為鳥，駕馭遨遊在天地四方之外，而悠遊在無何有之鄉野，虛無的境界，居住在渺茫無際的曠野

僻壤。你又為什麼用夢話般所謂治理天下的話來撼動我，來擾亂我的心思呢？」天根又再次提問。無名人說：「你應讓心悠遊於恬淡純真之境，讓氣聚合於清靜無為之域，順應事物的自然本性，而沒有偏私，那麼，天下就可以治理好了。」

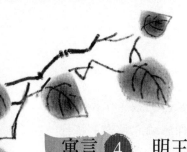

寓言 4　明王之治〈應帝王〉

　　明王之治：功蓋天下而似不自己[1]，化貸萬物而民弗恃[2]；有莫舉名，使物自喜；立乎不測，而遊於無有者也。

[1]功蓋天下而似不自己：功德覆蓋天下卻不居功，好像不是自己的功勞。

[2]化貸萬物而民弗恃：教化施及萬物而人民不覺得對他有所依賴，一切都是自然而然。

　　明王治理天下：他的功德覆蓋天下卻不居功，好像不是自己的功勞，教化施及萬物而人民卻不覺得對他有所依賴；有功勞但不去表揚自己，使人各得其所而欣喜；自己立足於高深莫測的境地，而悠遊於清靜虛無之境域。

　　順應自然，只要把每個人放在對的地方，他們就會發揮最大的效用，生命也會自己找到出口，時機到了就會成了，這就是「化貸萬物」、「使物自喜」的無為之治。

寓言 ⑤　無爲而治〈天道〉

　　昔者舜問於堯曰：「天王^①之用心何如？」堯曰：「吾不敖無告^②，不廢窮民，苦死者，嘉孺子而哀婦人。此吾所以用心已。」舜曰：「美則美矣，而未大也。」堯曰：「然則何如？」舜曰：「天德而土寧^③，日月照而四時行，若晝夜之有經，雲行而雨施矣。」堯曰：「膠膠擾擾乎！子，天之合也；我，人之合也。」夫天地者，古之所大也，而黃帝堯舜之所共美也。故古之王天下者，奚爲哉？天地而已矣。

①天王：天子，帝王。堯帝因具有天德，故曰天王。

②無告：求告無門者，有苦無處訴者，孤苦伶仃者。

③天德而土寧：天成地寧，天是自然而成，地是運行寧靜，一切都是自然而然，沒有刻意作爲。

　　從前，舜向堯問：「你作爲天子如何對民用心？」堯說：「我從不傲慢，不鄙視孤苦無依靠者，也不拋棄走投無路的窮苦人民，慰問勞苦而死的人，善待其幼子並同情那些婦人。這些就是我用心的方式。」舜說：「這樣做當然是很好，但說不上偉大。」堯說：「那麼該怎麼做呢？」舜說：「天是自然而成，地是寧靜地運行，從政要像日月照耀，四季運行般自然而然，像晝夜交替般自然規律，像白雲隨風飄動，像降雨布施萬物，沒有刻意作爲。」堯說：「我太刻意作爲，使得整日紛亂不寧啊！你與自然相合；我與人事

相合。」天地是自古以來最偉大的，黃帝、堯、舜都共同讚美它。所以，古代治理天下的人要做些什麼呢？順著天地之自然法則行事罷了。

　　有些政客會為了謀取最大利益而罔顧道德出賣良心，貪婪無度，民怨四起。若大家能返璞歸真，減少物欲，即使是小國寡民亦可是幸福國度，例如：北歐國家的議會，有些開會時間在下班後，議員只領車馬費，純粹是為民服務。而遵守法律是自發性，而非強制性，從小教育就非常重視品德的養成，雖沒有嚴刑峻法，但自然而然從心出發，人人安居樂業，這就是無為而治的精神。

寓言 ⑥　不強求〈人間世〉

　　言者，風波也；行者，實喪也。夫風波易以動，實喪易以危。故忿設①無由，巧言偏辭。獸死不擇音②，氣息茀然③，於是並生屬心。剋核太至，則必有不肖之心應之，而不知其然也。苟為不知其然也，孰知其所終！故法言曰：「無遷令④，無勸成。過度益也。」遷令勸成殆事，美成在久⑤，惡成不及改，可不慎與！且夫乘物以遊心⑥，託不得已以養中⑦，至矣。何作為報也！莫若為致命，此其難者。

①忿ㄈㄣˋ設：忿怒的產生。
②獸死不擇音：困獸臨死時會咆哮亂吼。
③茀ㄈㄨˊ然：氣息急促，發怒的樣子。
④無遷令：不去改變君王的命令。
⑤美成在久：成就一件好事需要長久經營。
⑥乘物以遊心：順著外物的自然變化，讓心自在遨遊。
⑦託不得已以養中：把一切寄託在不得已，來涵養內在中和之氣。

語言有如風波；傳達語言者，有得有失。風波容易動盪，搬弄是非，興風作浪，得失容易產生危險。所以忿怒沒有別的原因，就是由於花言巧語，措辭失當。困獸臨死時會咆哮亂吼，呼吸急促，於是產生了噬人的兇狠之心。苛責別人太甚，別人必起不良之心來報復，而他自己還不知道為什麼。如果自己都不知道為什麼，誰還會知道他最後的結果會如何呢！所以古語說：「不要改變君王的命令，不要強求事情的成功，過度就是在事情的本來實情上添加東西，是多餘的。」改變命令和強求事成都會敗壞事情，使自己陷入危險中，成就一件好事需要長久經營，而做成一件壞事就後悔來不及了，能不謹慎啊！順著外物的自然變化，讓心自在遨遊，把一切寄託在不得已，來涵養內在中和之氣，這就是最佳的自處原則，這就合乎大道了。何必想要刻意去報效國君！何必一定要任務成功！能夠照實傳達君王的使命，這就已經是困難。

寓言 ⑦ 害民的禍根〈徐无鬼〉

　　武侯曰：「欲見先生久矣。吾欲愛民而爲義偃兵①，其可乎？」徐无鬼曰：「不可。愛民，害民之始也；爲義偃兵，造兵之本也；君自此爲之，則殆不成。凡成美，惡器也；君雖爲仁義，幾且僞哉！形固造形，成固有伐，變固外戰。君亦必無盛鶴列於麗譙②之間，無徒驥於錙壇③之宮，無藏逆於得④，無以巧勝人，無以謀勝人，無以戰勝人。夫殺人之士民，兼人之土地，以養吾私與吾神者，其戰不知孰善？勝之惡乎在？君若勿已矣，修胸中之誠，以應天地之情而勿攖⑤。夫民死已脫矣，君將惡乎用夫偃兵哉！」

①爲義偃兵：爲了義而息兵停戰，放下兵器。
②麗譙：高樓名。
③錙壇：祭壇名，宮名。
④無藏逆於得：不要違背大道，不包藏逆心去貪得。
⑤修胸中之誠，以應天地之情而勿攖：修養內心的眞誠，來順應天地自然的眞實情況，內心不受名利所攪亂。

武侯說：「我想見先生很久了。我想愛護人民，爲了道義而停止戰爭，可以嗎？」徐无鬼說：「不可以。把打仗說成是愛民，合理化戰爭，實際上是害民的開始；爲了義而停止戰爭，是興起戰爭的禍根。君侯從這裡做，就會危險而不會成功。如果不打仗，哪裡還需要停戰呢？爲了義建立愛民的好名聲，實際上是作惡的工具；你說行仁義，但恐怕是虛僞不實啊！一個理由必定造就另一個理由，不斷地用來圓這個謊言，爲求仁義美名的行爲必定造就作僞的行爲，爲了求成功，兩種對立的行爲必會各自誇耀，各自有藉口合理化，進一步發展，有了變化，定會向外引發戰爭。你絕對不要盛大地閱兵，將軍隊像鶴群一樣整齊排列在高樓之間，不要集合步兵騎兵於祭壇的宮前面，不要違背大道去貪求妄取，不要用巧詐去勝過人，不要用計謀去勝過人，不要用戰爭去勝過別人。殺害別國的士兵與庶民，兼併別國的土地，用此來滿足一己之私欲和一己之心思所發動的戰爭，這種戰爭不知有什麼好處？勝利的價值在什麼地方？假如君侯不得不有所作爲，那麼你就去修養內心的眞誠，來順應天地自然的眞實情況，而內心不受名利所擾亂。人民這樣就能免除死亡的威脅，你哪裡還用得著講求停止戰爭！」

寓言 8　管仲生病〈徐无鬼〉

　　管仲有病，桓公問之曰：「仲父之病病矣，可不諱云，至於大病，則寡人惡乎屬國而可？」管仲曰：「公誰欲與？」公曰：「鮑叔牙。」曰：「不可。其爲人潔廉善士也，其於不己若者不比之，又一聞人之過，終身不忘。使之治國，上且鉤乎君，下且逆乎民①。其得罪於君也，將弗久矣！」公曰：「然則孰可？」對曰：「勿已，則隰朋②可。其爲人也，上忘而下不畔③，愧不若黃帝而哀不己若者。以德分人謂之聖④，以財分人謂之賢。以賢臨人，未有得人者也；以賢下人，未有不得人者也。其於國有不聞也，其於家有不見也。勿已，則隰朋可。」

①上且鉤乎君，下且逆乎民：對上拘束君主，對下違逆民意。
②隰朋：人名，齊國賢人。
③上忘而下不畔：在上位者忘了他的存在，在下位者不叛離他。
④以德分人謂之聖：用德行感化別人稱爲聖人。

　　管仲病危，桓公問他說：「仲父的病，病重了，可以不避諱的說，已病危，那麼我要把國政託付給誰才可以呢？」管仲說：「你要給誰？」桓公說：「鮑叔牙。」管仲說：「不可以。他爲人潔白清廉，是位善良之士，但他好惡太分明，他對品德不如自己的人不親近，並且聽到別人的過錯，就終身不忘。讓他治理國政，對上拘束

221

君主，對下違逆民意。他得罪國君，將是不久的事！」桓公說：「那麼誰可以呢？」管仲回答說：「不得已，隰朋可以。他的爲人低調，做事有彈性，在上位者忘了他的存在，在下位者不叛離他。他自愧不如黃帝，而同情不如自己的人。用德行感化別人稱爲聖人，用錢財幫助別人叫做賢人。以賢自居而傲視別人，就不能得人心的；然而以賢能甘居人下，沒有不得人心的。他於國政不干預，他對家事不計較。不得已，那麼隰朋可以。」

隨手筆記 Notes

寓言 9　無爲則兪兪〈天道〉

　　休則虛，虛則實，實則備矣。虛則靜，靜則動，動則得矣。靜則無爲，無爲也則任事者責[①]矣。無爲則兪兪[②]，兪兪者憂患不能處，年壽長矣。

①無爲也則任事者責：君無爲，則百官就各盡其責。
②兪兪：愉愉，安逸，從容自得。

　　安靜休養而後心境就虛靜空明，空明而後充實，充實而後完備了。心境空明便能清靜，清靜而後動，動便能自得了。清靜便是無爲，君無爲則百官就各盡其責。無爲便能從容自得，從容自得的人不被外界的憂患所困擾，所以能長壽了。

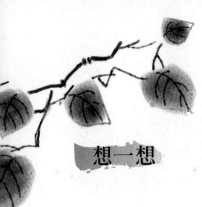

想一想

「聞在宥天下，不聞治天下」君主要如何對待人民？

〈在宥〉篇開頭說出：只聽說好君王要自然無為，使天下人感到寬宥被包容，自在安然，保有自然純真；沒聽說好君王要有為刻意地管理天下。無為即自然，不過度干涉人民的生活，興戰擾民，或暴徵稅收而導致官逼民反。想達到「無為」首先要「破偏執」，破除非戰不可的成見，無需好大喜功，放下立大功，求美名之追逐。《道德經》第五十七章：「我無為而民自化，我好靜而民自正，我無事而民自富，我無欲而民自樸。」《道德經》第三十七章：「道常無為而無不為。」《莊子》書中亦說明無為之真義與方法，〈庚桑楚〉：「正則靜，靜則明，明則虛，虛則無為而無不為也。」〈知北遊〉：「為道者日損，損之又損之，以至於無為，無為而無不為也。」無為就是不刻意作為，無心而為，非為了名利而為，即順物自然而行，沒有目的去做，但做完後，自然而然合乎目的，沒有刻意大張旗鼓去做，但什麼都自然而然做妥當了。

在〈應帝王〉中指出過度有為治理，其實是一種假象，肩吾曰：「告我君人者以己出經式義度，人孰敢不聽而化諸！」狂接輿曰：「是欺德也。其於治天下也，猶涉海鑿河，而使蚊負山也。」做君王的人如果以自己的意見來制定禮儀律法，有誰敢不聽從？但這是騙人的做法，用這種方式治理天下，就好像徒步下海開鑿河道，或讓蚊蟲背負大山一樣，是不可行的。所以，君王要讓心悠遊於恬淡純真之境，讓氣聚合於清靜無為之域，順應事物的自然本性，沒有偏私，那麼，天下就太平

224

了。〈應帝王〉：「汝遊心於淡，合氣於漠，順物自然而無容私焉，而天下治矣。」

在企業上亦可應用「無為」的管理哲學，〈應帝王〉：「正而後行，確乎能其事者而已矣。」君王應先端正自己的本性而後感化他人，任人各盡其所能，簡單地說就是讓人民做他們確實能做的事罷了。倘若企業老闆能知人善用，找到能力佳又可信賴的主管，授予權責，方法對了，就能事半功倍。對待員工，逼迫太甚會遭反彈；放任鬆散則易墮落，唯有合乎自然法則，適度要求，合情合理，真誠以待，就能如魚得水，相忘於江湖中，置管理於無形中。再者，老子指的是小國寡民，若企業規模過大，一個小疏失就有可能造成重大的連環損失，牽一髮而動全身，管理者身負重任壓力大，且與員工相處機會少及溝通表面化，故較難瞭解個別的狀況，只在產值上要求，如此情境，無為而治恐難落實。

什麼是理想的國度？

讓人民返歸純真樸實，只有道德充滿內心才能落實自然無為的理想，若人人行善不求功名、不圖回報，但被幫助者的感恩與愛也需要有出口，於是這愛就會源源不絕地傳下去給需要的人，說句好話會帶來另一句好話，做一件好事會帶來另一件好事，網路上有一則五分鐘短片「愛會傳下去Life Vest Inside-Kindness Boomerang: One Day」有的翻譯為「善的迴旋」或「善意的迴力標」，Boomerang 是澳洲原住民使用的「迴力標，回飛棒」，是一種會飛回來的打獵工具。這部片是由非營利組織 Life Vest Inside 一鏡到底拍攝，目的是推廣善行，一個小小的無私付出，卻帶給需要的人大大的溫暖，唯有發自內心的力量才能感動人心，像漣漪一樣層層向外擴散，使得社會充滿祥和，世界洋溢美好。

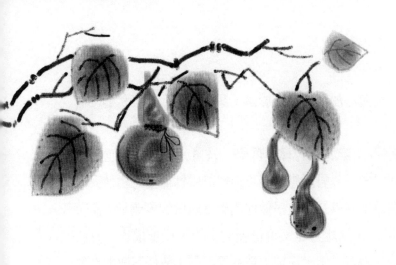

第三篇

物我篇

——自然的生活美學

單元十二

拒絕人為的破壞

隨著科技的精進，人類想扮演上帝的角色去創造生命，在各種動物進行生物基因工程，以人為的方法，改變物種的基因序列，其中最有名是在1996年蘇格蘭以無性生殖複製後代的克隆技術（cloning technology），成功克隆第一隻複製羊桃莉（Dolly the sheep），但牠卻提早衰老，只有短短六年的壽命，是一般羊壽命的一半。另外，為了增加農產品的產量、抗蟲、抗寒，科學家大力研究出合乎經濟效益的產物，但這些違反自然法則的背後潛伏著各種危機，例如：將寒帶魚之基因植入番茄內，讓番茄可以抗凍，冬天也可生長。又為了增加生產值，提高商機，研發出在同一株植物上，根部結出馬鈴薯，而地上長出番茄，叫做番茄薯（pomato）。

更令人驚悚的是為了提升植物之抗菌力，將人具有解毒能力的細胞DNA，植入稻米中，使之能防蟲害，結果是人吃了人的基因。從新聞報導得知現在禁止基改米公開販售，但多少基改米已流入市場，做成各式食品。雖然政府也規定食物中含基因改造食品（GMF，genetic modified foods），必須清楚標示，但這些科技產物未來會帶來哪些健康問題和環境汙染仍未知。再者，上帝本來設計牛為吃素，但是人給牛餵食動物性食物「肉骨粉」，變成吃葷，導致產生致死的狂牛病。為了經濟開發，濫伐杳無人煙的熱帶雨林，或冰凍層區，使其塵封幾世紀的千年病毒釋放出來，而人沒有免疫力。以上這些違反自然及過度開發的人為造作，值得大家深思！

寓言 1　鴨腳不夠長〈駢拇〉

　　彼至正者，不失其性命之情。故合者不爲駢①，而枝者不爲歧②；長者不爲有餘，短者不爲不足。是故鳧脛③雖短，續之則憂；鶴脛雖長，斷之則悲。故性長非所斷，性短非所續，無所去憂也。意仁義其非人情④乎！彼仁人何其多憂也？

①駢ㄆㄢˊ：腳趾相連並生。腳拇指與腳第二趾相連在一起。

②歧ㄑㄧˊ：從旁歧出，分歧多長出的。

③鳧ㄈㄨˊ脛：野鴨的小腿。

④人情：人的眞實本性。

　　那至正的大道，就是不違反事物各得其所，不失生命的自然眞實。所以說腳拇指與腳第二趾相連在一起，一隻腳有四趾不覺得是駢生，天生如此，就以平常心看待；而一隻手有六指也不覺得是旁出歧生，不覺得是多餘。長的不覺得多餘，短的不覺得是不足。因此，野鴨的小腿雖然很短，若是接長，牠就會痛苦；鶴的小腿雖然很長，若是切短，牠就會悲傷。所以事物原本就是長的不可以隨意切短，事物原本就是短的也不可以隨意接長，順著事物的自然本性，不刻意強求，那麼就沒有什麼可擔憂的。噫！仁義恐怕不是人的自然眞實本性！否則，那些宣導仁義的人怎麼會有那麼多擔憂呢？

寓言 ② 以鳥養鳥〈至樂〉

　　昔者海鳥止於魯郊，魯侯御而觴之於廟，奏九韶①以爲樂，具太牢以爲膳。鳥乃眩視憂悲，不敢食一臠②，不敢飲一杯，三日而死。此以己養養鳥③也，非以鳥養養鳥④也。夫以鳥養養鳥者，宜栖⑤之深林，遊之壇陸，浮之江湖，食之鰌鰍⑥，隨行列而止，委蛇⑦而處。彼唯人言之惡聞⑧，奚以夫譊譊⑨爲乎！咸池⑩九韶之樂，張之洞庭之野，鳥聞之而飛，獸聞之而走，魚聞之而下入，人卒聞之，相與還而觀之，魚處水而生，人處水而死，彼必相與異，其好惡故異也。故先聖不一其能，不同其事。名止於實⑪，義設於適⑫，是之謂條達而福持。

①九韶ㄕㄠˊ：舜時代之樂曲名，共九章。孔子稱此爲盡善盡美之音樂。

②臠ㄌㄨㄢˊ：肉塊。

③以己養養鳥：以己養鳥，依照人自己的方式來餵養鳥。

④以鳥養養鳥：以鳥養鳥，依照鳥的生活習性來餵養鳥。

⑤栖ㄒㄧ：棲。

⑥鰌ㄑㄧㄡ鰍ㄑㄧㄠˊ：鰌即鰍，泥鰍；鰍即鰷，小白魚。

⑦委蛇ㄟˊ：蚋ㄧˊ，蛇的俗體字。從容自得的樣子。

⑧人言之惡ㄨˋ聞：討厭聽到人聲。

⑨譊ㄋㄠˊ譊：喧鬧吵雜。

⑩咸ㄒㄧㄢˊ池：黃帝時的樂曲。

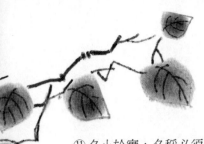

⑪名止於實：名稱必須與事實相符。

⑫義設於適：合宜的措施在於適應自然之性。

今天我請客，不要客氣多吃一點。

我吃素啊！

從前，有一隻海鳥停在魯國都城的郊外，魯國君王讓人把海鳥迎進太廟裡供養獻酒，奏九韶樂曲來歡迎牠，備齊牛羊豬的筵席來款待牠。但是海鳥眼花繚亂，神情憂懼悲愁，不敢吃一塊肉，不敢飲一杯酒，三天就死了。這就是按照人自己的生活習性來養鳥，不是按照鳥的習性來養鳥。按鳥的習性來養鳥，就應該讓鳥棲息於深山，悠遊於沙洲，浮游於湖上，啄食泥鰍和小白魚，隨著鳥群的行列而停下來，從容自得、自由自在地生活。牠們討厭聽到人的聲音，不懂為何要那麼喧鬧嘈雜！即使咸池、九韶等優美樂曲，演奏這些名曲在廣漠的曠野，鳥兒聽見了高飛離去，野獸聽見了驚嚇逃走，魚兒聽見了潛下水底，然而人們聽見了會圍著觀看。魚兒在水

裡才能生存，人處在水裡就會淹死，人和魚的習性不同，好惡也不同。所以古代聖王不求人人要有一樣相等的能力，也不求人人都做相同的事。名稱必須與事實相符，合宜的措施在於適應自然之性，這就叫條理通達而福分常存。

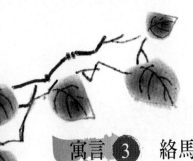

寓言 ③ 絡馬首，穿牛鼻〈秋水〉

河伯曰：「何謂天？何謂人？」北海若曰：「牛馬四足，是謂天；落馬首①，穿牛鼻，是謂人。故曰，無以人滅天②，無以故滅命③，無以得殉名④。謹守而勿失，是謂反其真。」

①落馬首：絡ㄌㄨㄛ，彎ㄌㄨㄢ頭，馬絡頭。

②無以人滅天：不要用人為去毀滅天然。

③無以故滅命：不要用造作去傷害性命。

④無以得殉名：不要因貪得而喪失名聲。

> 河神說：「什麼是天然的？什麼是人為？」
>
> 海神回答：「牛馬天生有四隻腳，這就叫天然；用彎頭套住馬頭，用鐵環穿過牛鼻，這就叫人為。所以說，不要用人為去毀滅天然，不要用造作去傷害性命，不要因貪得而喪失名聲。謹慎地持守自然的稟性而不喪失，這就叫返歸本真。」

寓言 4　渾沌之死〈應帝王〉

　　南海之帝爲儵[1]，北海之帝爲忽[2]，中央之帝爲渾沌[3]。儵與忽時相與遇於渾沌之地，渾沌待之甚善。儵與忽謀報渾沌之德，曰：「人皆有七竅以視聽食息，此獨無有，嘗試鑿之。」日鑿一竅，七日而渾沌死。

①儵ㄕㄨˋ：快速，虛構的神名。含有快速之意，用來比喻有爲。
②忽：虛構的神名。急速的樣子，用來比喻有爲。
③渾沌：虛構的神名。意爲自然本性，清濁未分，喻無爲。

　　南海的帝王名叫儵，北海的帝王名叫忽，中央的帝王叫渾沌。儵與忽常常相會於渾沌之處，渾沌十分豐盛地款待他們，儵和忽商量報答渾沌的深厚情誼，說：「人都有眼耳口鼻七個竅孔，用來視、聽、吃和呼吸，唯獨渾沌沒有，我們試著爲他鑿開七竅。」他們每天鑿出一個孔竅，到了第七天，七竅都鑿好了，但渾沌卻死了。

寓言 5　伯樂馴馬〈馬蹄〉

馬，蹄可以踐霜雪，毛可以禦風寒，齕草[1]飲水，翹足而陸，此馬之真性也。雖有義臺路寢，無所用之。及至伯樂[2]，曰：「我善治馬。」燒之，剔之，刻之，雒[3]之，連之以羈馽[4]，編之以皂棧[5]，馬之死者十二三矣；飢之，渴之，馳之，驟之，整之，齊之，前有橛[6]飾之患，而後有鞭筴[7]之威，而馬之死者已過半矣。陶者曰：「我善治埴[8]，圓者中規，方者中矩。」匠人曰：「我善治木，曲者中鉤，直者應繩。」夫埴木之性，豈欲中規矩鉤繩哉？然且世世稱之曰：「伯樂善治馬，而陶匠善治埴木。」此亦治天下者之過也。

234

①齕草：咬，咀嚼牧草。

②伯樂：秦穆公時人，孫陽，善於識馬、馴馬。

③雒印：烙印，用烙鐵留下標記。

④羈：絡首，栓住馬頭的馬絡頭、彎頭。馽：絡足，絆住馬腳的繩。

⑤皁：餵養馬的槽櫪。棧：安放在馬腳下的編木，用以防潮，俗稱馬床。

⑥橛：馬口所銜之木，今用鐵製，即馬口鐵。

⑦箠：「策」字的異體。馬鞭用皮製成叫「鞭」，用竹製成就叫「策」。

⑧埴：黏土。

　　馬蹄可以用來踐踏霜雪，馬毛可以用來抵禦寒風，馬餓了吃草，渴了喝水，高興時就舉起馬蹄來奮力跳躍，這就是馬的天性。雖有高臺大殿，對馬來說，並沒有什麼用處。到了伯樂出現，他說：「我善於管理馬、馴馬。」於是用燒紅的鐵器燒馬毛，用剪刀修剃馬鬃，鑿削馬蹄甲，在馬背烙印以做記號，用彎頭和絆腳繩把馬拴起，連結在一起，約束馬兒，用馬槽來編排牠們，這樣一來馬便死掉十分之二三了。餓了不給吃，渴了不給喝，驅使牠們快速驅馳，讓牠們急速向前衝，讓牠們的步伐整齊，讓牠們速度保持一致，先有馬口銜橫木和馬鑣裝飾物的累患，後有皮鞭和竹條的威逼，這樣一來，馬就死過半數。

　　陶匠說：「我最善於捏黏土，我用黏土製成的器皿，圓的合乎圓規畫出的圓弧，方的合乎曲尺的方正。」木匠說：「我最善於削木材，我用木材製成的物品，能使彎曲的合乎釣鉤的彎曲，筆直的合乎墨線的筆直。」黏土和木材的本性，難道就是希望去迎合圓規、曲尺、釣鉤、墨線嗎？這些必須符合測量標準才能做出佳作

235

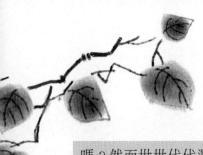

嗎？然而世世代代還稱讚他們說：「伯樂最善於馴馬而陶匠木匠善
於捏黏土和削木材。」，這也就是治理天下者的過錯啊！過度人為
造作，而忽略事物本來的樣子和潛力。

寓言 6　相濡以沫〈大宗師〉

　　泉涸[1]，魚相與處於陸，相呴[2]以濕，相濡以沫[3]，不如相忘於江湖。與其譽堯而非桀也，不如兩忘而化其道。

①涸ㄏㄜˊ：乾涸。

②呴ㄒㄩ：噓ㄒㄩ，吐氣。

③相濡ㄖㄨˊ以沫：魚在陸地上，互相吐口水來濕潤對方，比喻發揮大愛來幫助別人。

　　湖水乾了，魚兒困在陸地上，互相吐氣來取得一點濕氣，互相吐口沫來得到濕潤，同處困境而能互相救助很偉大，但人為的救助畢竟是有限的，不如讓湖水常保豐沛，不讓人為破壞影響生態環保，魚兒就能一如往常在湖中忘我地悠游。與其稱讚堯的聖明而批評桀的暴虐，不如忘掉稱讚與批評，不如拋開是非議論的人為政治，回歸自然樸實，與大道一同變化。

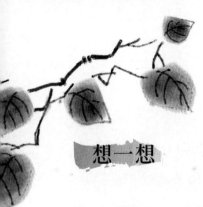

想一想

莊子認為的天人關係為何？我們和大自然要如何共存共榮？

〈大宗師〉：「故其好之也一，其弗好之也一。其一也一，其不一也一。其一與天為徒，其不一與人為徒。天與人不相勝也，是之謂眞人。」無論人們喜好或不喜好，天與人都是合而為一體，無論人們認同或不認同，天與人也都是合而為一體，不會改變。認同天與人合而為一體者是與自然同類，而不認同天與人合而為一體者是與人同類。自然與人不可相互對立，而是合而為一體，具有這樣認識的人就叫做「眞人」。

人與自然是一體的，人是自然的一部分，傷害自然，等於傷害人自己，所以必須愛護自然，相對地，自然也會無私與我們分享它的一切。用人的立場來創造知識，人就會被所創造出來的知識給限制住，故需保持思考的開放，莊子非以人類為中心的思維來看世界，與自然和平共存，不違逆自然法則，不用自己的成見去解讀自然，「混沌之死」的例子就是有了成見，認為用七竅來享受物欲將會快樂無比，結果，未享受樂就毀滅殆盡。

不用「以鳥養鳥」，而採用「以人養鳥」的後遺症會是什麼？

人認為好聽的音樂，對鳥來說並不一定是好聽的。人認為最好吃的食物，對鳥來說並不一定是好吃的。莊子用海鳥之死，來提醒我們違反自然的結果就是毀滅。人不代表萬物，勿以人類為中心的思維方式來看

待萬物。萬物各有其習性，各有其形貌與功能，人不可任意妄為，唯有順萬物自然天性來發展，方可得到最好的生長。

自然界何其奧妙！人要謙虛向學，從萬物身上學習生存之道，例如：正在破蛹而出的蝴蝶，卡在蛹中出不來，看似痛苦地扭動著，若此時，人用剪刀幫忙剪開蛹，那麼，蝴蝶出來一下子就會死了，蝴蝶之所以在蛹中掙扎，是為了要將身體多餘的水分擠到翅膀才能飛。人不可自作聰明，人為智巧終成禍害，曾有個農村，飛來大批麻雀偷吃農作物，政府下令捕殺所有的麻雀，於是蝗蟲沒有了天敵，取而代之，無以數計的蝗蟲大肆蠶食農作物，反而造成更大的災禍，麻雀看似有害，其實有其用處。人們的刻意作為反而破壞了這個自然生態的平衡，讓世界失了序。

生態保育與經濟發展孰重？

莊子的時代，自然生態沒有被破壞，所以沒有提出強烈的保育觀念。然而，現代常為了經濟利益而犧牲原始自然景觀，或過度開發而瀕臨自然資源缺乏，長久如此可能會導致物極必反，大自然終將會反撲。以人類為中心的思考，罔顧與我們同處這地球行星的眾生，人剝削其他物種的生存空間，殊不知大家都是生命的共同體，環環相扣。

環境汙染在世界各國日趨嚴重，河川被排放重金屬染紅，空汙霾害屢屢發生，氣候變遷，水患成災或高溫大旱，這些都與高度經濟開發脫不了關係。破壞自然的代價是不可逆的，難以修補，並潛藏著難解的危機。

大自然給予人生存的資源，故我們是可以適度地開發自然資源來生存，並做好生態復育，伐一些，種一些，讓樹木能生生不息，這不但可帶來富庶生活，也可讓地盡其利，物盡其用，既是水幫魚，也是魚幫水，共同在自然中悠遊樂活。

單元十三

順應自然的變化

　　人無法選擇的遭遇，叫做「命」。譬如：你生下來是王子，還是乞丐？你生下來是兩隻腳，還是一隻腳？這不是自己或父母可以決定的，這不是你的錯，故不要責備自己或抱怨別人。認識命運的限制，而不強求。如何安之若命？如何坦然面對命運，對挫折的人生釋懷呢？在不得不的環境之下，當沒有能力改變時，就不要強求，而要安時處順，耐心等待對的時機，條件成熟時再來一展所長。有句話說：船停在避風港最安全，但那不是造船之目的 A ship in harbor is safe, but that is not what ships are built for. 同樣地，人待在家裡最安全，但那不是人生之意義。能在逆境中屹立不搖，將會帶來了智慧的省悟和成長，唯有逆風而行的人，才知風的力量有多大，深刻感受到人的有限性與潛在力量，「成長」比「成功」重要。

寓言 ① 攖寧〈大宗師〉

其爲物，無不將也，無不迎[①]也；無不毀也，無不成也。其名爲攖寧[②]。攖寧也者，攖而後成者也。

[①] 無不將也，無不迎也：道對於萬物，無不一邊有所送往，一邊又有所迎來。就整體宇宙而言，萬物無時不在生成往來的變化運行中。

[②] 攖ㄥ寧：在擾亂中能保有寧靜。在萬物生死成毀的紛紜煩惱中，保有寧靜的心境。

　　「道」對於萬物，沒什麼不相送，沒什麼不相迎，沒什麼要特別去討好，也沒什麼要特別去抗拒；沒有什麼不是毀壞，沒有什麼不是成全，這就叫做攖寧。我們要學習在生死成毀各種變化的紛擾中，保有平靜的心境。

　　談到在「不得不」遭遇下的心理建設，若能做到鬧中取靜，苦中作樂，不受外界紛亂所干擾，轉心念，超越紛爭，不去怨天尤人，或以牙還牙、以眼還眼。開放心胸，站在更高的角度，那就沒什麼是絕對的好與壞，心情自然開朗。

寓言 ② 庖丁解牛〈養生主〉

庖丁①爲文惠君解牛②，手之所觸，肩之所倚，足之所履，膝之所踦③，砉然④嚮然，奏刀騞然⑤，莫不中音。合於桑林之舞，乃中經首之會。文惠君曰：「譆，善哉！技蓋至此乎？」庖丁釋刀⑥對曰：「臣之所好者道也，進乎技矣。始臣之解牛之時，所見無非全牛者。三年之後，未嘗見全牛也。方今之時，臣以神遇而不以目視，官知止而神欲行⑦。依乎天理⑧，批大郤⑨，導大窾⑩，因其固然⑪。枝經肯綮⑫之未嘗微礙，而況大軱⑬乎！良庖歲更刀，割也；族庖月更刀，折也。今臣之刀十九年矣，所解數千牛矣，而刀刃若新發於硎⑭。彼節者有間，而刀刃者無厚；以無厚入有間，恢恢乎其於遊刃必有餘地⑮矣，是以十九年而刀刃若新發於硎。雖然，每至於族，吾見其難爲，怵然⑯爲戒，視爲止，行爲遲。動刀甚微，謋然⑰已解，如土委地。提刀而立，爲之四顧，爲之躊躇滿志⑱，善刀而藏之。」文惠君曰：「善哉！吾聞庖丁之言，得養生焉。」

①庖丁：庖為廚師。丁為從事某種勞動的人，例如：園丁、家丁。

②牛：比喻生活上的各種問題。

③踦ㄧˇ：解剖牛者一腳跪地，用另一腳膝蓋抵住。

④砉ㄏㄨㄚ然：嘩嘩聲，皮骨分離之微小聲音。

⑤騞ㄏㄨㄛ然：霍霍聲，動刀砍物的聲音，比砉然聲稍大聲。

⑥刀：指身體與精神，尤其指精神，使其精神不受損。能以「道」解牛，能保持如新刀般不受外物損傷，十九年刀刃仍很銳利，保養極好。善養生者，做事不魯莽，也不強求，凡事依乎天理，因其固然，瞭解並依循自然原理，做事才能得心應手，以無厚入有間才能遊刃有餘。

⑦官知止而神欲行：感官停止，只運用心神運行。

⑧依乎天理：天生的生理結構，自然之紋理。

⑨郤ㄒㄧˋ：隙，筋與骨之間的空隙。

⑩窾ㄎㄨㄢˇ：空穴，骨節空隙。

⑪因其固然：順著本來的狀況，順著自然結構。

⑫綮ㄑㄧˋ：盤結處。

⑬軱ㄍㄨ：大骨頭，盤骨。

⑭硎ㄒㄧㄥˊ：磨刀石。

⑮遊刃必有餘地：刀鋒在骨縫中運轉仍綽綽有餘。

⑯怵ㄔㄨˋ然：懼怕，小心。

⑰謋ㄏㄨㄛˋ然：肢體分解的樣子。

⑱躊ㄔㄡˊ躇ㄔㄨˊ滿志：從容不迫，心滿意足。

　　庖丁替文惠君解牛，他用手碰觸固定牛身，用肩膀倚著，用腳踩著，用膝蓋抵住，刀子一進牛的身體，皮骨就分離，嘩嘩作響，刀子切肉的霍霍聲響，沒有不合乎音律節拍，符合商湯時代〈桑

林〉舞曲之節拍，也符合堯時代〈經首〉樂曲的韻律節奏。文惠君說：「嘻！好啊！你的技術怎麼能到達如此高超的地步呢？」

庖丁放下刀子，回答說：「我所愛好的是『道』，這已經超過技術的層次。心法超過技法，起初我解牛的時候，所看到的無非是整隻牛的外形。三年之後，我就不曾看見整隻牛的外形而是清楚牛的內部構造。而現在，我是用心神去領會而不用眼睛看牛的外形，不用感官而全憑心神運行，順著牛的自然生理結構，刀從筋肉間的縫隙插入，從骨節空隙中導入切開，一切都是順著牛本來的構造下刀，我的刀通行無阻，即使在經絡相連處，骨肉盤結處都未嘗有阻礙，更何況是大的骨頭，我都能輕鬆分解開來！好的廚師一年更換一把刀，因為他用刀子割肉；普通的廚師一個月換一把刀，因為他用刀子砍骨頭。現在我這把刀，用了十九年，所解的牛好幾千隻，而刀鋒好像剛剛從磨刀石磨出來一樣銳利。牛的骨節之間有縫隙，而我的刀鋒很薄，以很薄的刀鋒精準地切入骨節的縫隙中，刀鋒運轉起來仍很寬廣，綽綽有餘地，刀沒有受到損傷，所以十九年了，刀鋒好像剛剛從磨刀石磨出來一樣銳利。雖然這樣，但是每當我碰到筋骨糾結的地方，遇到困難處，我會更加小心謹慎，眼神專注，動作緩慢，最後輕輕動一下刀，牛的肉就分解開來，就如泥塊一般，一塊一塊堆積在地上。解牛完畢，我便拿著刀站著，從容不迫四處看一看，心滿意足，再把刀子擦拭一下收藏起來了。」文惠君說：「好啊！我聽到庖丁你這一番話，得到了養生的道理。」

寓言 ③ 安之若命〈德充符〉

知不可奈何而安之若命①，唯有德者能之。遊於羿之彀中②，中央者，中地也；然而不中者，命也。

①知不可奈何而安之若命：知道事情的無可奈何，遇到不得已的處境，能安然接受命運。

②彀中：指弓箭的射程範圍之內。彀：拉滿弓。

知道事情的無可奈何、不得已而能安然接受命運，這只有修養高的人能做到。一個人走進神射手后羿的射程之內，中央的地方是最容易被射中的地方，然而走進靶中心卻沒有被射中，這就是命。人有旦夕禍福，無法完全掌控外在環境，我們只能盡人事聽天命，努力做事，至於結果，無論是幸運或不如人願，這就是命，接受它吧！不要在生活中過不去而耿耿於懷。

寓言 4　安時處順〈大宗師〉

　　子祀、子輿、子犁、子來四人相與語，曰：「孰能以無為首，以生為脊，以死為尻①，孰知死生存亡之一體者，吾與之友矣。」四人相視而笑，莫逆於心②，遂相與為友。俄而子輿有病，子祀往問之。曰：「偉哉夫造物者③，將以予為此拘拘④也！曲僂發背⑤，上有五管，頤隱於齊，肩高於頂，句贅⑥指天。」陰陽之氣有沴⑦，其心閒而無事，跰𨇁⑧（躃）而鑑於井，曰：「嗟乎！夫造物者又將以予為此拘拘也！」子祀曰：「女惡之乎？」曰：「亡⑨，予何惡！浸假而化予之左臂以為雞，予因以求時夜；浸假而化予之右臂以為彈，予因以求鴞炙；浸假而化予之尻以為輪，以神為馬，予因以乘之，豈更駕哉！且夫得者，時也，失者，順也；安時而處順⑩，哀樂不能入也。此古之所謂縣解⑪也。而不能自解者，物有結之。且夫物不勝天久矣，吾又何惡焉！」

①尻ㄎㄠ：尾，指尾椎。

②莫逆於心：內心契合，莫逆之交。

③造物者：指「道」，同「造化」，「道」能產生萬物，能使萬物生成變化。

④拘ㄐㄩ拘：彎曲不能伸直的樣子。

⑤曲僂ㄌㄡˊ發背：彎腰駝背，背骨突出。

⑥句贅ㄓㄨㄟˋ：髮髻。

⑦沴ㄌㄧˋ：錯亂，不協調。

⑧跰ㄅㄧㄢˊ躃ㄒㄧㄢˊ（「蹁」異體字）：步伐蹣ㄇㄢˊ跚。

⑨亡ㄨˊ：無。

⑩安時而處順：安適於把握時機，並能順應自然的變化。

⑪縣ㄒㄩㄢˊ解：懸解，解除倒掛之苦，解脫了自然的束縛。

　　子祀、子輿、子犁、子來四個人在一起談話，說：「誰能夠把『無』當做頭，把『生』當做脊柱，把『死』當做尾椎，人是從無到有，再到死，這就是生命的自然過程，誰能瞭解生死存亡是一個整體的道理，我就跟他交朋友。」四個人會心地相視而笑，內心契合而不說話，於是相互交往成為知心的朋友。不久，子輿生病了，子祀前去探望他。子輿說：「偉大啊！造物者把我變成如此彎曲不能伸直的樣子！腰彎背駝，五臟血管向上，血流不順，下巴都跑到肚臍之下，駝背到頭抬不起來，肩膀高過頭頂，頭勉強往上抬，髮髻指向天空。」身體上陰陽二氣不協調，可是在子輿的內心裡卻是安然無事，好像沒有生病似的，兩人蹣跚地走到井邊，對著井水照看自己，說：「哎呀！造物者竟把我變成如此彎曲不能伸直的樣子！」子祀說：「你討厭這彎曲不能伸直的樣子嗎？」子輿回答：「沒有，我怎麼會討厭我這副樣子？我想得很開，假如造物者把我的左臂漸漸變成公雞，我就用牠來報曉；假如造物者把我的右臂慢慢變成彈弓，我就用它來打斑鳩再烤熟來吃；假如造物者把我的尾椎臀部變成為車輪，把我的心神變成馬，我就乘坐這馬車，難道我還

要乘坐別的車馬嗎？況且，生命的獲得，是因為時機對了，投胎來到這世上；面對生命的喪失，就要去順應這自然的變化；一個安於時機而順應變化的人，對於生死就不會大喜大悲，內心就能免於波濤洶湧的情緒翻騰，不為所困。這就是古人所說的解除了倒掛之苦，超越了自然生命的限制與束縛，然而不能自我解脫的人，是被外物所束縛住。況且，人算不如天算，萬物不能勝過自然造化的變化，由來已久，我又有什麼好厭惡自己現在這狀態呢？」

　　子輿與子桑友，而霖雨十日。子輿曰：「子桑殆病矣！」
裹飯而往食之。至子桑之門，則若歌若哭，鼓琴曰：「父
邪！母邪！天乎！人乎！」有不任^①其聲而趨舉其詩焉。子輿
入，曰：「子之歌詩，何故若是？」曰：「吾思夫使我至此
極^②者而弗得也。父母豈欲吾貧哉？天無私覆^③，地無私載^④，
天地豈私貧我哉？求其爲之者而不得也。然而至此極者，命也
夫！」

①不任：不堪，疲憊不堪，聲音微弱。
②極：絕境。
③天無私覆：天沒有偏私地覆蓋整個大地。
④地無私載：地沒有偏私地承載所有物體。

　　子輿和子桑是好朋友，有一天外面下大雨，下個不停，已連續下
了十天的雨。子輿說：「子桑很貧窮，下這麼大的雨，他一定沒地方
找吃的，他恐怕會餓出病來！」於是包了飯去給子桑吃。剛到子桑家
門口，就聽見子桑像是在唱歌，又像是在哭泣，只聽他彈著琴唱著：
「父親啊！母親啊！老天爺啊！人們啊！」子輿聽子桑的聲音都變
了，聲音微弱，體力不堪，急促地唱他的詩句，不成調子。子輿走
進門，問說：「你的歌，怎麼唱成這樣子？」子桑說：「這幾天，
我一直在思索，究竟是誰使我這般窮困，但始終不得其解。是父母

嗎？是天地嗎？我想不出來。父母難道會希望我貧困嗎？天沒有偏私地覆蓋大地，大地沒有偏私地承載萬物，天地難道會單單希望我貧困嗎？追究到底是什麼原因使我如此貧困，沒有得到答案。然而，想想我到這般貧困絕境，這就是命吧！」既然是命，就是不可抗力，就安然接受吧！

寓言 6　孔子被圍困〈秋水〉

　　孔子遊於匡，衛人圍之數匝[1]，而弦歌不輟[2]。子路入見，曰：「何夫子之娛也？」孔子曰：「來！吾語女。我諱窮久矣，而不免，命也；求通久矣，而不得，時也。當堯舜之時而天下無窮人[3]，非知得也；當桀紂之時而天下無通人[4]，非知失也；時勢適然。夫水行不避蛟龍者，漁父之勇也；陸行不避兕[5]虎者，獵夫之勇也；白刃交於前，視死若生者，烈士之勇也；知窮之有命[6]，知通之有時[7]，臨大難而不懼者，聖人之勇[8]也。由處矣，吾命有所制矣。」無幾何，將甲者進，辭曰：「以為陽虎也，故圍之。今非也，請辭而退。」

① 數匝ㄚ：數周，幾圈。
② 弦歌不輟ㄔㄨㄛˋ：彈琴唱歌終日不停。
③ 窮人：不得志的人。
④ 通人：得志的人。
⑤ 兕ㄙˋ：野牛。
⑥ 知窮之有命：瞭解努力做事，但仍窮困潦倒，這乃是命中注定，無可奈何。
⑦ 知通之有時：瞭解做事若想通達達成，是需要時機的配合。
⑧ 臨大難而不懼者，聖人之勇：面臨大難而不畏懼，這就是聖人的勇敢。

孔子周遊列國，到了衛國匡地，衛國人把孔子的住處團團包圍起來，然而這時孔子仍在裡面不停地彈琴唱歌。子路入內見孔子，說：「先生爲何還可以這般快樂？」孔子說：「過來！我告訴你。我想逃離窮困已經很久了，可是始終不能免除困頓，仍不被重用，這是命定：我希望我的理念能通行各國，已經想了很久了，可是始終未能達到，這是時運。在堯舜的時代，天下沒有一個不得志的人，大家都可以各得其所，並非因爲他們都才智高超；相反地，在桀紂的時代，天下沒有一個得志的人，並非因爲他們都才智低下，這都是時運所造成的。在水裡活動而不怕蛟龍，這是漁夫的勇敢；在陸上活動而不怕野牛老虎，這是獵人的勇敢；刀劍相交在眼前，還能視死如歸，不怕死，這是壯士的勇敢；知道努力做事仍窮困潦倒乃是命運所致，知道通達事理乃需要時機，面臨大難而不畏懼，這就是聖人的勇敢。仲由，你還是安然處之，我命中注定要受限制。」沒有過多久，統率士卒的將官走進來，深表歉意地說：「大家把你看作是陽虎，所以包圍了你。現在知道你不是陽虎，請讓我向你致歉並撤兵。」遇到危難而不怕，這是「聖人的勇敢」，聖人知道做事努力付出後，仍有可能不如所願或甚至有危險，這乃是命運，是外在的限制。謀事在人，成事在天，是需要時機，只能等待，只能接受現實，但不要懷憂喪志而耿耿於懷，不跟自己過不去，人生不如意十之八九，保持平常心很重要，不要傷了內在元氣。

寓言 ⑦ 外化而內不化〈知北遊〉

顏淵問乎仲尼曰：「回嘗聞諸夫子曰：『無有所將，無有所迎。』回敢問其遊。」仲尼曰：「古之人，外化而內不化①，今之人，內化而外不化②。與物化者，一不化者也。安化安不化，安與之相靡③，必與之莫多。狶韋氏之囿，黃帝之囿，有虞氏之宮，湯武之室。君子之人，若儒墨者師，故以是非相鱉④也，而況今之人乎！聖人處物不傷物⑤。不傷物者，物亦不能傷也。唯無所傷者，爲能與人相將迎⑥。山林與！皋壤⑦與！使我欣欣然而樂與！樂未畢也，哀又繼之。哀樂之來，吾不能禦，其去弗能止。悲夫，世人直爲物逆旅⑧耳！夫知遇而不知所不遇，能能而不能所不能⑨。無知無能者，固人之所不免也。夫務免乎人之所不免者，豈不亦悲哉！至言去言⑩，至爲去爲。齊知之所知，則淺矣。」

①外化而內不化：能適應外在環境的變化，但內心卻有所持守，依循大道的原則而行。

②內化而外不化：內心世界多變，不能持守原則，而外在行爲又不能適應環境的變化。

③靡：順也。與外物相順應。

④鱉：攻擊，詆毀，傷害。

⑤聖人處物不傷物：聖人與外物相處卻不去傷害外物。

⑥相將迎：相互送往迎來。

⑦皋壤：原野。

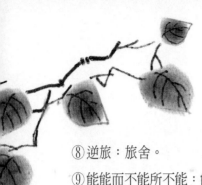

⑧逆旅：旅舍。

⑨能能而不能所不能：能做自己能力所及的事，不能做自己能力所不及的事。

⑩至言去言：最好的言論是沒有言論。

顏淵問孔子說：「我曾聽先生說過：『與人交往，不要特意送往，也不要特意迎來。』請問怎樣才能做到，才可悠遊其間感到自在。」孔子說：「古時候的人，能適應外在環境的變化，但內心都有所堅持，會依循大道的原則行事，現在的人，內心世界多變，不能堅持原則而外在行為又不能適應環境的變化。雖對外在環境能順應變化，與物推移，但內心必定有所堅持。能安於外在的變化，也能安於內心的不變化，安然與外物變化相順應，參與外在環境變化而不自大。像是在大猜韋氏的庭院，黃帝的園林，虞舜的王宮，商湯、周武王的房子裡，都是他們各自養心順物的好處所。而那些稱作君子的人，如儒家、墨家的老師輩，用是非好壞來相互批評，這不免落入對立狀態，更何況現在的一般人，也會對外界做些攻擊！聖人與外物相處不去傷害也不攻擊外物。不傷害外物的人，外物也不會傷害他。正因為無所傷害，因而能夠與別人自然相送和相迎。山林啊！原野啊！這些都使我感到歡樂的地方啊！可是歡樂還未消失，悲哀又接著到來。悲哀與歡樂的到來，我無法抗拒，悲哀與歡樂的離去，我也沒有能力阻止。可悲啊！世上只不過是人們寄居的旅舍罷了！人們知道所遭遇到的事，卻不知道沒遭遇到的事，人應該做自己能力所及的事，不做自己能力所不及的事。人有所不知，

人有所不能，這本來就是人所不可避免的，然而一般人卻努力去避免人所不可避免的事，這豈不是很悲哀啊！最好的言論是沒有定論，最好的作爲是不刻意做作，世間沒有絕對的優勝劣敗，所以要使每個人所想的都一樣，這種看法就太淺陋了。」

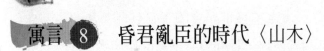

寓言 8　昏君亂臣的時代〈山木〉

　　莊子衣大布而補之，正緳係履①而過魏王。魏王曰：「何先生之憊②邪？」莊子曰：「貧也，非憊也。士有道德不能行，憊也；衣弊履穿，貧也，非憊也；此所謂非遭時③也。王獨不見夫騰猿乎？其得柟梓豫章④也，攬蔓其枝而王長其間，雖羿、蓬蒙不能眄睨⑤也。及其得柘棘枳枸⑥之間也，危行側視，振動悼慄⑦；此筋骨非有加急而不柔也，處勢不便，未足以逞⑧其能也。今處昏上亂相之間，而欲無憊，奚可得邪？此比干之見剖心徵也夫！」

①正緳ㄒㄧㄝˊ係履ㄌㄩˇ：整理麻繩用來繫牢破鞋。

②憊ㄅㄟˋ：疲困，委靡不振。

③非遭時：生不逢時。

④柟ㄋㄢˊ梓ㄗˇ豫章：楠木、梓木、豫章樹，這三種樹皆為端正直挺的好木。

⑤眄ㄇㄧㄢˇ睨ㄋㄧˋ：斜視，小看。

⑥柘ㄓㄜˋ棘ㄐㄧˊ枳ㄓˇ枸ㄍㄡˇ：這四種皆為有刺的小木。

⑦悼ㄉㄠˋ慄ㄌㄧˋ：戰慄。

⑧逞ㄔㄥˇ：炫耀，施展。

莊子穿著補過的粗布衣及用麻繩綁牢破鞋，去見魏惠王。魏惠王見了說：「先生穿著這麼破舊，爲何如此疲憊呢？」莊子說：「穿著破舊是貧窮，不是疲憊。士人有理想卻不能實行，有志難伸，才是疲憊；衣服破舊，鞋子穿孔破洞，這是貧窮，而不是疲憊。這種情況就是所謂生不逢時。君王沒有看過那很會跳躍的猿猴嗎？牠生活在楠、梓、豫章樹等挺直喬木的樹林裡，牠就會抓住小樹枝自由靈巧地穿梭其間而稱王，即使是神箭手后羿和他的弟子逢蒙也不敢小看這隻猴王。但到了荊棘叢林，像柘、棘、枳、枸等有刺的樹叢中，牠就要小心翼翼地行走，而且不時地左顧右盼，害怕得發抖；這並不是牠的筋骨僵硬而不靈活，而是所處的環境不利，使牠不能施展才能。如今我身處昏君亂臣的時代，要想不疲憊，怎麼可能呢？若不安守會招來殺身之禍，像比干勸諫不成慘遭紂王剖心而死，就是一個明顯的例證啊！」身處亂世需懂明哲保身之道。

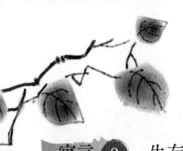

寓言 ⑨　生存條件的依賴〈齊物論〉

　　罔兩問景①曰：「曩②子行，今子止；曩子坐，今子起；何其無特操與？」景曰：「吾有待③而然者邪？吾所待又有待而然者邪？吾待蛇蚹④蜩⑤翼邪？惡識所以然！惡識所以不然！」

①罔兩問景：影子的影子問影子。

②曩ㄋㄤ：之前。

③有待：有所依賴。

④蛇蚹ㄈㄨ：蛇腹下的橫鱗，蛇賴此爬行。

⑤蜩ㄊㄧㄠ：蟬。

　　影子的影子問影子說：「前一秒你還在走著，現在卻跟著停下來；前一秒你還坐著，現在又跟著站了起來；你怎麼這樣沒有自己獨立的意志操守呢？」影子說：「我是有所依賴才會這樣子，而我所依賴的那個人，他又有所依賴才會這樣子，若沒有陽光或月光，我所依賴的那個人也就沒有影子。我們的生存依賴，就像蛇須依賴腹下鱗皮來爬行，蟬須依賴雙翼來飛行，我怎麼會知道大家的生存依賴是這個？不是那個？我怎麼知道會如此！我怎麼知道不會如此！萬物都是依照自然法則而存在，一切都是自然而然，天生的，我們的生存也是有所依賴，所以順應自然是有需要的。」

寓言 ⑩　隱士的出現〈繕性〉

　　古之所謂隱士者，非伏其身而弗見也，非閉其言而不出也，非藏其知而不發也，時命大謬①也。當時命②而大行乎天下，則反一無跡；不當時命而大窮乎天下，則深根寧極③而待；此存身之道也。

①時命大謬：時機與命不能配合。謬：錯誤。乖謬。
②當時命：時機與命恰當，可以相互配合。
③深根寧極：紮深本性之根，尋求寧靜淡泊之極。

　　古代所謂隱士，並不是為了隱藏身形而躲起來，不是為了保持緘默而不吐露真情，也不是為了掩藏才智而不發表意見，而是因為時機和命運不對。時機和命運恰當時，就順應時勢將大道推行於天下，返回純真的境界，與外物合而為一，不露形跡，不彰顯功勳。時機和命運不恰當時，窮困於天下，就固守自然之根本，回歸自然，保有寧靜至極之心性，並耐心等待好時機；這就是在亂世中，保全自身的方法。

　　聖人之隱不同於山林隱士，不是故意將自己隱藏起來，而是聖人之道不被認同、不行於世時，就只好隱蔽深居，置身於世外，返歸自然之境，欣賞寧靜淡泊，隨自然變化，孕育生機，儲蓄能量以待天命。

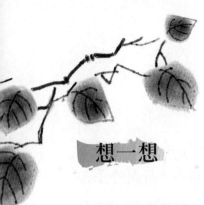

想一想

如何才有順應自然的人生？

　　順應自然非指順服或臣服自然，人不是要淪為自然的附屬品。人有自主意識，可以做選擇，有智慧去瞭解自然的運行規律，自然界也有競爭，有正面和負面的力量，如天然災害、地震洪水，人要學習在這生活條件下避開危險，以保護形體與精神，並與自然保持和諧狀態。人為也是自然的一部分，那麼人為到什麼程度就不是自然呢？當條件不成熟時，知其不可而為之就是不自然。人要謙卑，不妄用造物者給人的能力，不去違反自然規律，生命最大的限制就是自然界的生死，人在大自然的牢籠，要學會不去碰撞這牢籠，善生善死，得以生時逍遙自在，死時坦然放下，順其自然，任何強求恐會物極必反。

　　〈德充符〉：「使之和豫，通而不失於兌；使日夜無郤，而與物為春，是接而生時於心者也。」人生最重要的是使心情平和安適，舒暢而不失愉悅，保有自然天真的快樂；要使心境日夜不間斷地跟隨萬物融合在春天般充滿生機的氣息裡，並在接觸外物後產生與時推移之心，以自然無偏執之心順應外在不同的變化。體察萬物生長與凋謝，瞭解自然的規律，瞭解生命的道理，坦然面對萬事萬物皆有其成住壞空的循環，超然面對一些變化，如此精神會得到真正的自由，這就是順應自然的人生。

庖丁之「道」進乎「技」涵義爲何？

莊子藉由「庖丁解牛」寓言之解牛三階段來檢視世人的處世態度與養生之道：

- 初學解牛（例如：族庖）：只看到牛的外形，而不知牛身結構，不明事理，用刀砍剁，一個月就要換一把刀，對人費力，對刀損傷。就像沒有處世經驗的人，不瞭解世事紛擾之因，更不懂順應自然的養生之道，行事莽撞，傷身又傷神。

- 解牛三年後（例如：良庖）：不看牛的外形而是清楚牛的內部構造，但未能真正做到順著牛身上的肌肉紋路和利用筋骨交錯處空隙來下刀。比喻人已瞭解世事紛擾之因，但仍未做到順應自然的養生之道。

- 學會「以道解牛」（例如：庖丁）：庖丁已不用感官而全憑心神去領會，順著牛體的生理結構，眼神專注，謹觀慎行，刀輕輕動一下，牛身上的肉就可以分解開來，不僅省時省力，而且對刀也無傷。處事不硬碰硬，順著自然條理走，這種的處世觀非消極，而是積極地愛護自己。如此順應自然的保養，才能遊刃有餘，臻至「道」的層次，而遠遠超過解牛的「技術」階段。「以道解牛」階段不但看清世事紛擾之因，而且能做到「依乎天理，因其固然」依循大道的普遍原則，也接受個人本然的差異，實爲最佳的養生之道。

人際相處之道亦如此，剛開始是探索期，不瞭解自己，也不清楚別人個性，更不懂職場倫理。當自己的期待與別人的期待不合時，就到了衝突期。接著在一連串的錯誤中學習，直到找出問題真正原因，覺察出遊戲規則就會漸漸進入磨合期，最後修得正果。順應自然之道，逐步調整自己，不強求，才會創造出自己的風格及自適的逍遙人生。

如何因應困境？

否認困境就是在否定自己，所以不要排斥困境，更不要沮喪，用另一種心態來面對問題，不要害怕失敗，因為失敗所帶來的成長比你想像的多更多。法國數學家巴斯卡（French mathematician, Blaise Pascal, 1623-1662）說：「人是一根脆弱的蘆葦，但人又是一根會思考的蘆葦 Man is but a reed, the most feeble thing in nature, but he is a thinking reed.」危機也可能是轉機，只要心念一轉，用心思索，問題總會迎刃而解。

亂世出英雄，人要越挫越勇嗎？還是要隨遇而安呢？識時務者為俊傑，有了先見之明才可分辨出「可為」與「不可為」，什麼是可以改變的？什麼又是不可改變的？這就需要智慧來判斷，在廣為流傳的神學家尼布爾牧師（Reinhold Niebuhr, 1892-1971）的寧靜禱文（The Serenity Prayer），後人將之簡化如下：「求神施恩，授予我有『平靜的心』去接受那些我無法改變的事，有『勇氣』去改變那些我可以改變的事，並且有『智慧』去分辨這二者的不同 God, grant me the serenity to accept the things I cannot change, the courage to change the things I can, and the wisdom to know the difference.」完成一件事需要各種條件的配合，時機對了才能水到渠成，而判斷條件是否成熟需要智慧去看清事物的本質及外在現象。

如何能讓身心安頓，安之若命？

〈德充符〉：「知不可奈何而安之若命，唯有德者能之。」在「不得已」的環境下，勢不可擋時才需要妥協。然而，《阿Q正傳》小說中的差不多先生是不足取，安之若命不是安於命運的安排，不是得過且過、自我安慰、坐以待斃，更不是為失敗找合理化的藉口。不可逃避責任，而是要看清生命的本質，盡力而為但不強求，在不可抗力、不得已的環境中，安然接受現實、讓心釋懷自在。

不是所有事都可以超脫，生命是有所束縛，也是一種鎖鏈。〈大宗師〉：「且夫得者，時也，失者，順也；安時而處順，哀樂不能入也。此古之所謂縣解也，而不能自解者，物有結之。且夫物不勝天矣，吾又何惡焉！」先決條件是要能生存，生存本身就是一種欲望，在沒有基本物資壓力之下，生命的生存條件穩定時才來談精神自由。人的存在是有條件限制，不可改變的是「命」，例如：外貌，不可選父母。但是也有可以改變的「德」，形骸之內，這是人可以做到的事，是可以追求。存在的意義是用我們的影響力去幫助別人，把內在的德發揮出來，做事時，不以名利為目的，不以不道德為手段，那麼，離隨心所欲順其自然，安之若命就不遠了。安頓身心有很多不同的途徑，因人而異，但回歸內在，傾聽自己內在的聲音，返本全真，安時處順，此為安之若命的不二法門。

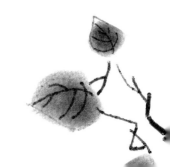

單元十四

創造多元的價值

　　子曰：「君子不器。」（《論語‧為政》君子不能拘泥於僵化的形式，不能像器皿被固定用途所限制住，而是去發掘各種可能性；人亦不能被現有的知識所侷限，而要懂得活用知識。造物者給人晴天，但不保證天天都會是晴天，當人生遇到暴風雨時，不也在提醒我們活用知識，在考驗著解決問題的能力與毅力？試試把磨難當作磨練，看東西的角度若不同，視野也就不同，想法就會跟著多了起來，可能性及創造性也就增加了。有時候，過程比結果更為重要，重過程才能真正學到東西，勿埋怨不如人意的結果，塞翁失馬焉知非福，抱著正向感恩的心，想想沒有一路的午後雷陣雨，哪來美麗的彩虹？

寓言 ❶ 無用的大葫蘆〈逍遙遊〉

　　惠子謂莊子曰：「魏王貽我大瓠①之種，我樹之成而實五石，以盛水漿，其堅不能自舉也；剖之以為瓢，則瓠落無所容。非不呺然②大也，吾為其無用而掊③之。」莊子曰：「夫子固拙於用大矣……今子有五石之瓠，何不慮以為大樽④而浮乎江湖，而憂其瓠落無所容？則夫子猶有蓬之心⑤也夫！」

①瓠ㄏㄨˋ：葫蘆、胡瓜、匏ㄆㄠˊ瓜、瓟ㄆㄠˊ瓜。
②呺ㄒㄧㄠ然：虛大貌。
③掊ㄆㄡˇ：打破，擊破。
④樽ㄗㄨㄣ：酒器。此指以大葫蘆當酒瓶，瓶內不裝酒，再將多個密封的空葫蘆綁在腰上，當作游泳圈，做為腰舟。
⑤蓬之心：茅塞不通的心。

　　惠施對莊子說：「魏王（梁惠王）送我一些大葫蘆的種子，我把它種了，結出的葫蘆極大，有五石大的容量。可是，它的皮不堅硬，裝滿水，一拿起來就破了。而把它切成半，做成兩個水瓢，但沒有那麼大的水缸可以容納它。雖然大，卻大得沒有用處，大而無當，於是我就把它們打破丟了。」
　　莊子回答說：「你竟不知大東西的用途。……今天你有這麼大的葫蘆空殼，何不把它們密封起來，然後綁在腰上，做為『腰舟』游泳圈，用它們來渡江，或悠閒地浮游在湖水上，而你卻憂愁葫蘆的大，沒有水缸可以容納，可見你的心是茅塞不通啊！」

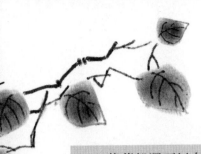

葫蘆殼還可以有哪些其他用途？

1. 當水壺：用來裝水，但超大葫蘆其堅不能自舉，水重殼破。

2. 當水瓢：超大葫蘆，瓠落無所容，沒有水缸容得下這大水瓢。

3. 當腰舟（游泳圈）：水可放在葫蘆內，亦可放在葫蘆外，發揮創意思考。

我下輩子的願望是減肥成功……

寓言 ❷　不龜手之藥〈逍遙遊〉

　　莊子曰：「宋人有善爲不龜①手之藥者，世世以洴澼絖②爲事。客聞之，請買其方以百金。聚族而謀曰：『我世世爲洴澼絖，不過數金；今一朝而鬻③技百金，請與之。』客得之，以說吳王。越有難，吳王使之將，冬與越人水戰，大敗越人，裂地而封之。能不龜手，一也；或以封，或不免於洴澼絖，則所用之異也。」

①龜ㄐㄩㄣ：皸ㄐㄩㄣ，龜裂，凍裂如龜紋。
②洴ㄆㄧㄥˊ澼ㄆㄧˋ絖ㄎㄨㄤˋ：漂洗捶打絲絮。
③鬻ㄩˋ：出賣。

　　莊子說：「宋國有一個家族，善於製作一種讓手腳不凍傷皸裂的藥。因爲有這種獨門的配方，即使冬天在水裏漂洗絲絮，手也不凍傷，所以他們家族世世代代都以染布爲業。有一個外地來的客人，聽說有這祕方，願意出百金的高價來買這個配方。家族長老召集族人來商量說：『我們世世代代都以染布爲業，辛辛苦苦所得，不過是數金而已；今天我們賣出這配方就可得百金，請賣給他。』這個外地人取得這個配方，立刻拿著它去遊說吳王，建議吳王將這個配方用在戰爭上，讓士兵們擦在手腳上，防止凍傷又可防水。不久，越國舉兵來犯，吳王便命這個人領兵應戰，那時正值寒冬，吳越兩國又多水地，兩軍發生水戰，吳國因爲有這保護手腳皸裂的藥方可用，打個大勝仗，此人因立大功而受封。所以，一樣是使用防

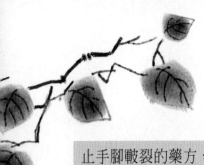

止手腳皸裂的藥方，有人用了它，立大功受封；有人卻只能用它來染布。東西是一樣的，差別就在用途上的不同。」

寓言 ③　大而無用的樗樹〈逍遙遊〉

　　惠子謂莊子曰：「吾有大樹，人謂之樗①。其大本擁腫而不中繩墨，其小枝卷曲而不中規矩，立之塗，匠者不顧。今子之言大而無用②，眾所同去也。」

　　莊子曰：「子獨不見狸狌③乎？卑身而伏，以候敖者；東西跳梁④，不辟高下；中於機辟⑤，死於罔罟⑥。今夫犛牛⑦，其大若垂天之雲。此能為大矣，而不能執鼠。今子有大樹，患其無用，何不樹之於無何有之鄉，廣莫之野，彷徨⑧乎無為其側，逍遙乎寢臥其下。不夭斤斧，物無害者，無所可用，安所困苦哉！」

①樗ㄕㄨ：一種落葉喬木，葉臭，木質粗劣不可用。

②大而無用：雖大但無用處。

③狸ㄌㄧˊ狌ㄕㄥ：黃鼠狼，鼬ㄧㄡˋ鼠。

④跳梁：踉ㄌㄧㄤ，跳躍。

⑤機辟ㄅㄧˋ：機關陷阱，捕獸器。

⑥罔罟ㄍㄨˇ：網的總稱。

⑦犛ㄌㄧˊ牛：犛牛。犛，又讀ㄇㄠˊ，通「氂」，有「高原之舟」稱呼，生於青康藏高原，毛色黑而長。

⑧彷徨：傍ㄆㄤˊ徨，徘徊。

惠施對莊子說：「我有棵大樹，人們都叫它『樗』。它的大樹幹長滿疙瘩，表面凹凹凸凸，不符合直挺挺的要求，它的樹枝彎彎曲曲，也不符合木匠理想裁切的標準。雖然長在路旁，木匠連看也不看。現今你的言談，大而無用，大家都會棄你而去。」

　　莊子說：「你沒見過黃鼠狼嗎？低著身子匍伏在地，等待那些出遊的小動物。一會兒跳東，一會兒跳西，快速地跳來跳去，不怕地形高低，任意地竄來竄去；但牠卻掉入獵人設下的機關，死於獵網之中。現今再看看那犛牛，龐大的身體就像天邊垂下的雲。牠的本事可大，能爬高山背負重物，但牠不能捕捉老鼠，在某方面，這些大的動物真的有牠不足之處。如今你有這棵大樹，你也擔心它的大而沒有用，那怎麼不把它種在無所用的荒涼地方，種在無邊無際的曠野裡，你就可悠然自得地徘徊在樹旁，優遊自在地躺臥於樹下。大樹不會遭到斧頭砍伐，也沒有什麼東西會去傷害它，沒有可以被利用，這樣的大樹可以安心做自己，有什麼好苦惱呢？」

寓言 ④ 不材之木〈人間世〉

匠石之齊，至於曲轅，見櫟社樹①。其大蔽牛，絜②之百圍，其高臨山，十仞③而後有枝，其可以為舟者旁十數。觀者如市，匠伯不顧，遂行不輟④。弟子厭觀之，走及匠石，曰：「自吾執斧斤以隨夫子，未嘗見材如此其美也。先生不肯視，行不輟，何邪？」曰：「已矣，勿言之矣！散木⑤也，以為舟則沉，以為棺槨則速腐，以為器則速毀，以為門戶則液㮰⑥，以為柱則蠹⑦。是不材之木也，無所可用，故能若是之壽。」匠石歸，櫟社見夢曰：「女將惡乎比予哉？若將比予於文木⑧邪？夫柤⑨梨橘柚，果蓏⑩之屬，實熟則剝，剝則辱；大枝折，小枝泄⑪。此以其能苦其生者也，故不終其天年而中道夭，自掊擊於世俗者也。物莫不若是。且予求無所可用久矣，幾死，乃今得之，為予大用。使予也而有用，且得有此大也邪？且也若與予也皆物也，奈何哉其相物也？而幾死之散人⑫，又惡知散木！」匠石覺而診其夢。弟子曰：「趣取無用，則為社何邪？」曰：「密！若無言！彼亦直寄焉，以為不知己者詬厲也。不為社者，且幾有翦⑬乎！且也彼其所保與眾異，而以義喻之，不亦遠乎！」

①社樹：生長在土地廟旁的大樹公，櫟ㄌㄧˋ樹。
②絜ㄒㄧㄝˊ：用繩來測量。
③仞ㄖㄣˋ：周制，八尺圍一仞。

271

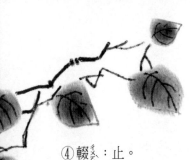

④輟ㄔㄨㄛˋ：止。

⑤散木：無用的木材，鬆散不成紋理的樹木。

⑥槾ㄇㄢˋ：漫出來。

⑦蠹ㄉㄨˋ：蟲蛀。

⑧文木：有用的樹木，紋理細密緊實的樹。

⑨柤ㄓㄚ：楂，山楂。

⑩果蓏ㄌㄨㄛˇ：瓜果之類，在地曰蓏，在樹曰果；草本的果實叫蓏，木本的果實叫果。

⑪泄ㄧˋ：同「抴ㄧˋ」，拉扯。

⑫散人：無用之人。

⑬翦ㄐㄧㄢˇ：翦伐，砍伐。

有位姓石的木匠，帶著他的弟子同行，前往齊國，經過曲轅這地方，看到一棵巨大的櫟樹，這棵長在土地公廟旁的大樹公。它的樹蔭很廣可以讓牛群在樹下休息，它的樹幹很粗，要一百多人才圍得起來，樹高達山頭，樹在高達八十尺以上才有分枝，約有十個分枝，粗得可以用來做小船。觀看這巨樹的人，就像市集裡的人那麼多，但是這木匠對這巨樹不瞧一眼，他一直往前走而沒停下來。他的弟子在那看夠後，急忙跑著追上師傅，問說：「自從我做木工，追隨師傅以來，未曾見過如此高大的木材。師傅您連一眼都不肯看，一直往前走沒有停下來，為什麼？」木匠說：「算了，不要再說了！這是無用的鬆散木材，用它造船很快就會沉沒，用它做棺材很快就會腐朽，用它做器具很快就會壞了，用它做門窗就會受潮，流

出樹汁，用它做梁柱很快就會被蟲蛀光。這是不材之木，沒有用處，所以才沒人想砍伐它，所以才能如此長壽，長得如此高大。」

木匠回家後，夜裡夢見櫟樹對他說：「你拿什麼和我相比呢？拿有用的良木和我相比嗎？山楂梨橘柚等果樹，這些果樹無論在樹上的水果或在地的瓜果，果實成熟了就會遭人拉扯剝離，常被人拉扯剝落而備受侮辱；大樹枝被折斷，小樹枝被拉扯。這就是因它們有用而害苦了自己，所以無法活到生命的自然年限而中途就夭折了，這就是因自己顯露有用而招來世俗的剝削。萬物沒有不是這樣的，我求無所可用已經很久了，但也因為我成為無用的樹，好幾次差點就被砍死，好幾次差點被砍來當柴燒，最後我在這廟旁落腳，才得以生存，現在我總算保住性命，這正是我的大用。如果我有用，早就被木匠砍掉，我哪裡還可以長這麼高大呢？再說你和我都是天地之物，為何要拿我和有高利用價值之樹木做比較而輕視我呢？你這個被世俗，操到過勞、離死期不遠的散人，連自己命都保不住的無用之人，又如何知道我這無用之木的用處呢！」木匠醒來後，告訴他弟子這個夢，弟子說：「既然它意在求取無用，為何還要做大樹公來供人祭祀呢？」木匠說：「閉嘴！你不要說了！櫟樹這樣也是一種寄託，一種生存之道，那些不知道的人辱罵它無用，它若不做社樹仍有危險會被砍！況且它保全自己的方法與眾不同，如果你只從世俗眼光來評論它，不也就離事實太遠！」

櫟樹既然追求做無用之物，那麼連被人祭拜的大樹公也都不要做，這樣豈不更無用嗎？但是萬物皆有用，沒有絕對的無用，材質劣的樹木也不會被放過，有可能被柴夫砍來當柴燒，故生存之道在於變通，在於做個安全的有用。

273

寓言 5　無用之用〈外物〉

　　惠子謂莊子曰：「子言無用。」莊子曰：「知無用而始
可與言用矣。天地非不廣且大也，人之所用容足[1]耳。然則廁
足而墊[2]之致黃泉，人尚有用乎？」惠子曰：「無用。」莊子
曰：「然則無用之為用也亦明矣。」

①人之所用容足：人所用到只是腳下踩的一小塊地。
②廁足而墊：腳所踩之側邊其餘土地全都挖掉。墊：壂ㄑㄧㄢ，挖掘。

救命啊！

惠施對莊子說：「你說的話真是沒什麼用處。」莊子說：「懂得『無用』意涵的人才可跟他談論『有用』。大地不能不說是既廣且大，但是人所用到，只是腳下踩的一小塊地罷了。既然如此，那麼只留下腳所踩的一小塊地，其餘土地全都挖掉，一直挖到黃泉可以嗎？這時，人所踩的那一小塊立足之地還會有用嗎？」惠施說：「當然沒有用處。」莊子說：「如此說來，沒有用處的用處也就很明白了。」

　　沒有無用，哪來有用？兩者皆有其用處，一體兩面。茶葉蛋要有裂痕，才入味。生命有裂痕，養分吸收更快。失敗只是個過程，懂得如何站起來才是關鍵。

寓言 ⑥　有用之用〈人間世〉

　　山木自寇①也，膏火自煎②也。桂可食，故伐之；漆可
用，故割之。人皆知有用之用，而莫知無用之用也。

①山木自寇：山上樹木被人拿來做斧頭的木柄，樹木反而遭到此斧頭寇伐，
　　砍伐了樹自己。
②膏火自煎：膏油點火燃燒，最後把自己給燒完。

　　山上的樹木被人做成斧頭的木柄，這斧頭反而用來砍伐了樹自
己，膏油點火燃燒，最後把自己給燒完。桂皮可以吃，所以就遭到
刀子的砍伐；漆樹可以用，所以就遭到刀子的割傷。人們都知有用
的用處，而不知無用的用處。
　　以上各種事物如果沒有了被人利用的價值，或許可以保住性
命，享盡自然的壽命。做人亦是如此，勿得意忘形，聰明反被聰明
誤，不需要刻意去證明或彰顯自己的有用價值，因爲有可能會招人
嫉妒，爲自己帶來麻煩。所以韜光養晦除了可以自保外，還可藉此
深耕專業實力、豐厚生命內涵。

寓言 ⑦　燕子在屋簷下築巢〈山木〉

「何謂無受人益難？」仲尼曰：「始用四達，爵祿並至而不窮，物之所利，乃非己也①，吾命其在外者也。君子不為盜，賢人不為竊。吾若取之，何哉！故曰，鳥莫知於鷾鴯②，目之所不宜處，不給視，雖落其實，棄之而走。其畏人也，而襲諸人間，社稷存焉爾。」

①物之所利，乃非己也：外物的利益，本非己有，本非屬於我的。而是一切條件成熟了，時機也對了，所帶來的好處。

②鷾ˋ鴯ㄦˊ：燕子。

顏回問：「為什麼不接受別人加給的利祿很為難呢？」孔子說：「這就好像說，初次被任用就很順利，四面八方無往不利，爵位和俸祿源源不斷地一起到來，這些是外物帶來的好處，本不屬於我，只不過是我的運氣所帶來的外在成就，時機對了所得到的好處。命運與外在得失並非自己所能操控，君子不會去盜取爵位，賢士也不會去竊佔利祿。但若我得到爵位和俸祿的好處，這又是為什麼呢？一切都是不得已啊！就像鳥類之中，沒有比燕子更聰明的，牠看到不適宜停留，有天敵出沒，有危險的地方，不會多看一眼，即使口中的果實掉落，也會捨棄而飛走。然而，燕子這樣怕人，但為了生存，在不得已情況下，卻敢侵入人的生活圈，寄居在人的屋簷下，只因為沒有更好的選擇了，築巢在那裡，實在是不得已。」燕子為了遮風蔽雨和遠離天敵的攻擊，才在屋簷下築巢，這也是不得

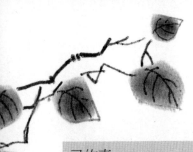

已的事。

　害怕的地方，不該去但是去了，實在是不得已。爲了生存，不接受俸祿是很困難的事；君子爲了生存，不得已時，不要侷限於有用或無用，不執著出仕或隱居，換個角度，接受現實也是情理之內的事。

寓言 ⑧　有得就有失〈山木〉

合則離①，成則毀；廉則挫，尊則議，有爲則虧，賢則謀，不肖則欺，胡可得而必乎哉！悲夫！弟子志之，其唯道德②之鄉乎！

①合則離：有聚合就有離散。
②道德：自然之法則與物之本性。

　　有聚合就有離散，有成功就有失敗；稜角銳利就易斷裂，顯貴者就易受到非議，有爲者就易遭人虧損，賢能者就易遭人謀算，而無能者也會遭到欺負，怎麼可以偏執於某一方面啊！可悲啊！弟子們記住，處世要免於物累，只有順應自然，逍遙在道與德的境界吧！

　　有用招禍，無用得福，並非絕對的正確，例如：不材之木得終其天年，主人之鵝以不材死，禍福關鍵不是二分法，而要懂得隨機應變，去符合生存的自然之道。每個人都有長處與短處，不要只看到固定的一邊，打破框架才會看見更多可能，擁抱自適自得的人生。

寓言 9 啟動天生的本能〈秋水〉

　　夔憐蚿[1]，蚿憐蛇，蛇憐風，風憐目，目憐心。夔謂蚿曰：「吾以一足趻踔而行[2]，予無如矣。今子之使萬足，獨奈何？」蚿曰：「不然。子不見夫唾者乎？噴則大者如珠，小者如霧，雜而下者不可勝數也。今予動吾天機，而不知其所以然。」蚿謂蛇曰：「吾以眾足行，而不及子之無足，何也？」蛇曰：「夫天機之所動，何可易邪？吾安用足哉！」蛇謂風曰：「予動吾脊脅而行，則有似也。今子蓬蓬然起於北海，蓬蓬然[3]入於南海，而似無有，何也？」風曰：「然。予蓬蓬然起於北海而入於南海也，然而指我則勝我，鰌我亦勝我。雖然，夫折大木，蜚[4]大屋者，唯我能也，故以眾小不勝為大勝也。為大勝者，唯聖人能之。」

①夔ㄎㄨㄟˊ憐蚿ㄒㄧㄢˊ：一種傳說中的怪獸，外形像龍，僅有一足，獨腳獸羨慕百足蟲，馬蚿。

②一足趻ㄔㄣˇ踔ㄓㄨㄛ：單腳跳躍，跛行。

③蓬ㄆㄥˊ蓬然：呼嘯，風吹的樣子。

④蜚ㄈㄟ：飛，強風吹。

獨腳的夔羨慕多腳的馬蚿，多腳的馬蚿又羨慕無腳的蛇，無腳的蛇羨慕無形的風，無形的風又羨慕眼睛，目光所到之處只要瞬間，所有景物盡收眼底，眼睛羨慕心，眼睛只能看見眼前的事物，但心卻能超越時空限制，無論古今，心想到哪，剎那間全搬到眼前。

獨腳的夔對多腳的馬蚿說：「我用一隻腳跳著走，沒有誰像我這樣簡單。如今你使用這麼多隻腳行走，究竟要如何走呢？」多腳的馬蚿說：「不是你想的這樣。你沒有看見那噴口水時的景象嗎？噴出來大的像珠子，小的像細霧，混雜落下，不計其數。但我也不知道爲何有大有小，最後又在一起。如今我啓動天生的本能來行走，但不知自己爲什麼這樣多腳還能夠行走。」

馬蚿對蛇說：「我用這麼多腳行走反倒不如你沒有腳，爲什麼你能這樣行走？」蛇回答：「仰賴天生的本能而行動，怎麼可以改變呢？我又哪裡用得著腳呢！」蛇對風說：「我啓動我脊髓的力量來行走，還是像有腳在走路。如今你從北海呼嘯地吹起，又呼嘯地吹入南海，卻沒有留下足跡，爲何會這樣呢？」風說：「是的，我呼嘯地從北海吹到南海。可是人們用手來阻擋我，但我並不能吹斷手指，人們用腳來踢我，但我也不能吹斷腳。然而，折斷大樹、吹翻高大的房屋，卻只有我能夠做到，而這就是細小的方面不求勝利，而求大方面的勝利。完成大的勝利，只有聖人才做得到。」

事情有很多面向，不要去羨慕別人擁有的東西，不要以眼前單一現象來論斷，而要整體考量，以開放的心來體察，方能無遺珠之憾，看到各事各物的奧妙及大自然的神奇。

想一想

「能不龜手,一也;或以封,或不免於洴澼絖,則所用之異也。」如何開發事物的多元用途?

「不龜手之藥」寓言說明同一種使手不龜裂的護手膏,有人想到在冬天打戰時用它來防水防凍,而打勝戰封侯受賞;有人卻一輩子只會用它在漂洗絲絮,賺取餬口的錢,這個寓言非常具有啟發性,我們經常受刻板印象影響而不自覺,什麼事情一定要怎麼做才對,什麼東西一定要怎麼用才正確,僵化思想佔滿整個腦袋。雖然東西不變,但人的頭腦是活的,可以去開發事物的多元性,保持心胸的開放,思考的彈性,多一些想像力,想像力就是創造力。許多發明家的聰明靈感,往往就來自於一念之間的轉換想法、變通用途!

「有用與無用」是依據什麼標準來區別?什麼是「無用之用」?

《醒世恆言》:「天不生無祿之人,地不長無根之草。」天生我材必有用,而有用與無用是在特定的情境或價值下所作的判斷,這並不是單一絕對的標準,例如:櫟樹在木匠挑選堅實木質的條件下,它是沒有價值的;但在另一個情境下,對櫟樹而言,卻是因禍得福,不被砍伐而保全性命,得以安享天年,這無非是無用中的大用。反觀,商鞅、張儀就是被自己的「有用」害死,不得善終。

人們常常缺乏長遠眼光,憑己之見,是其所是,非其所非,而沒看到背後更好的價值、更大的利益。欲找出事物的多元價值,宜先去除刻

板印象，去除成見，這不是否定事物既有的功用，而是擴大其應用面。事物的用途並非固定不變的，要去變通，甚至可廢物利用，這就是「無用之用」，多方面設想即可看到事物多元的價值。

「無所可用，安所困苦哉！」沒有被人重用，這會困擾你嗎？

在〈齊物論〉、〈秋水〉篇中屢屢指出事情都有一體兩面，福禍相倚，得失，大小，沒有絕對的。現在不被重用，不代表未來不被重用，說不一定未來有更好的機會，或者沒有被重用是福不是禍，就像「塞翁失馬焉知非福，塞翁得馬焉知非禍」道理是一樣的。西漢淮南王劉安編撰的《淮南子・人間訓》：「近塞上之人有善術者，馬無故亡而入胡，人皆弔之。其父曰：『此何遽不能為福乎？』居數月，其馬將胡駿馬而歸，人皆賀之。其父曰：『此何遽不能為禍乎？』家富良馬，其子好騎，墮而折其髀，人皆弔之。其父曰：『此何遽不為福乎？』居一年，胡人大入塞，丁壯者控弦而戰，塞上之人，死者十九，此獨以跛之故，父子相保。」

此寓言敘述靠近邊塞地方有一位精通術數的老翁。有一天，他養的馬無緣無故從馬廄裡逃跑，越過邊境跑進胡人的地方。鄰居們都前來安慰他，以表同情，但這位老翁卻對著兒子說：「沒什麼好難過的，說不定會因禍得福呢？」過了幾個月，那走失的馬竟然帶著胡人的駿馬回來，鄰居們又趕來道賀。然而老翁卻說：「我們不必高興太早，不可得意忘形，說不定這是災禍來臨的預兆呢？」過些日子，老翁的兒子在騎馬時跌斷了腿，鄰居們皆來安慰他。老翁也安慰兒子說：「你雖跌斷了腿，但不要太難過，說不定你會因禍得福？」過了一年，胡人大舉入侵，在邊境的年輕人都被召去作戰，十分之九都不幸戰死。只有老翁的兒子因當年跌斷了腿，而保住性命。所以，福禍相倚，

難以定論，凡事不要太執著，不以己悲，不以物喜，沒有受到別人重用也無妨，重要是自己如何看待自己，此處無所用，說不定他處自有大用。

　　一件事情是福是禍，往往不是我們表象看到那麼簡單而已，結果更不是我們可以全然掌控。凡事順其自然，只要真誠做事，並以自然之心面對結果，得意時勿張狂炫耀，失意時勿懷憂喪志，保持平常心，虛心以待才是王道，因為世界其大無比，無動不變，無時不移，時時都在生成變化，處處充滿生意與契機。

單元十五

傾聽造物的天籟

　　《輓歌》：「美麗的事物為人所愛，不美的無人愛。」（Theognis 提奧格尼斯，6-5 BC）什麼是「美」？為什麼美的事物會令人神往？美感是無須借用任何東西就能照見的「真」，是一種渾然天成的樸實，是一種無法形容的心中感動，是不帶利害得失，是一種不受外物束縛的精神之美。大自然蘊含無限的美感元素，只要把心打開，俯拾即是，讓我們帶著心靈去旅行，去發現美！

寓言 ① 天籟〈齊物論〉

　　子綦曰：「夫大塊噫氣①，其名爲風。是唯無作，作則萬竅怒呺②。而獨不聞之翏翏③乎？山陵之畏佳④，大木百圍之竅穴，似鼻，似口，似耳，似枅⑤，似圈，似臼，似洼者，似汙者；激者，謞⑥者，叱者，吸者，叫者，譹⑦者，宎⑧者，咬者。前者唱于而隨者唱喁⑨。泠風⑩則小和，飄風則大和，厲風濟則眾竅爲虛。而獨不見之調調之刁刁乎？」子游曰：「地籟⑪則眾竅是已，人籟⑫則比竹是已。敢問天籟⑬。」子綦曰：「夫吹萬不同，而使其自己也，咸其自取，怒者其誰邪！」

①大塊噫ㄞˋ氣：大地吐氣出聲。

②怒呺ㄏㄠˊ：怒號，怒吼。

③翏翏ㄌㄧㄠˋ：飂，長風聲，狂風的呼嘯聲。

④畏ㄨㄟ佳ㄨㄟˊ：崔ㄘㄨㄟ嵬ㄨㄟˊ，山勢高且陡。

⑤枅ㄐㄧ：梁上的方孔，即斗拱。

⑥謞ㄒㄧㄠˋ：箭射出去的聲響。

⑦譹ㄏㄠˊ：嚎哭聲。

⑧宎ㄧㄠˋ：低沉的聲音，呻吟聲。

⑨喁ㄩˊ：風的一種聲音。

⑩泠ㄌㄧㄥˊ風：小風。

286

⑪地籟：風吹過大地，各種孔竅所發出的聲音。

⑫人籟：人吹排簫樂器所發出的聲音。若人有成見，有好惡，樂聲便有了優劣之別。

⑬天籟：風吹過萬物，依照所有物體不同的形狀與特性而有不同的聲音。天籟無機心，是出於自然，沒有成見。

子綦說：「大地吐出的氣息叫做風。風不發作則已，一旦發作，整個大地上數不清的孔竅都會怒吼起來。你難道沒有聽過那呼嘯而過的風聲嗎？風吹過高低不平的山陵地勢，和百圍大樹上的孔竅所發出。這些孔竅的形狀：有的像鼻子，有的像嘴巴，有的像耳洞，有的像梁上的方孔，有的像圓形的杯，有的像杵米的舂臼，有的像深池，有的像淺池。孔竅所發出的聲音：有的像大水沖激的聲音，有的像急速的箭鏃聲，有的像喝叱聲，有的像呼吸聲，有的像吶喊聲，有的像嚎啕大哭聲，有的像低沉呻吟的聲音，有的像哀嘆聲。前面發出『于于』的聲音，後面就唱和著『喁喁』的聲音。風小就發出小的和聲，風大就發出大的和聲，暴風停了之後，所有孔竅也就寂靜無聲，我們聽不到無聲的風，但是，你難道沒有看到樹枝還在搖動，樹葉也還在微微的擺動嗎？」子游說：「地籟是風吹過大地上，各種孔竅所發出的聲音，人籟是人吹竹簫樂器所發出的聲音。我再請教你，什麼是天籟？」子綦說：「天籟是風吹過萬物所發出的各種聲音，這些千變萬化的不同聲音都是由事物本身的形狀及特性所使然的，全都是自己造成的，而發動風，產生這些不同聲音者又是誰呢？」這些聲音的存在是誰主使的呢？是看不見、聽不到的「道」。張默生學者認為天籟無聲，而又為眾聲之所自出。

風吹萬物所發出的各種聲音，是依循萬物其自然特性而不同，是它們自身所造就的，風不帶有成見，天籟無機心，不論什麼形狀的孔竅，風吹過所發出的聲音皆不帶好惡的。

寓言 ② 天地有大美而不言〈知北遊〉

天地有大美而不言①，四時有明法而不議，萬物有成理而不說。聖人者，原天地之美而達萬物之理，是故至人無為②，大聖不作，觀於天地之謂也。今彼神明至精，與彼百化，物已死生方圓，莫知其根也。扁然③而萬物自古以固存。六合為巨，未離其內；秋毫為小，待之成體。天下莫不沉浮，終身不故；陰陽四時運行，各得其序。惛然④若亡而存，油然不形而神，萬物畜而不知。此之謂本根⑤，可以觀於天矣。

① 大美而不言：天地有大美卻無法用言語完全表達。天地有大美而不稱讚自己，有美德，覆載萬物、生養萬物而不居功。

② 至人無為：最高境界的人順應自然，不強求，不刻意作為。

③ 扁然：翩ㄆ一ㄢ，自然而然。

④ 惛ㄏㄨㄣ然：暗昧，模糊不清。

⑤ 本根：本來的根源，即大道。

　　天地有全然的美卻無法用言語完全地描述出它的美，四時運行具有明顯的規律卻無法周全地議論出它的原理，萬物生成變化具有條理卻無法明確地說明它的根源。聖人探究天地大美，通曉萬物生長的道理，所以至人順應自然，大聖不妄自造作，這就是對天地做了深入細緻的觀察，取法自然的法則。大道是神妙至精純然，參與萬物的各種變化，萬物的死、生、方、圓，沒有誰明白這些自然變

化的根本，萬物自古就是那麼自然而然地存在。天地四方算是十分巨大的，卻始終不能超出道的範圍；秋天動物身上剛長出的新毛算是最細小的，也得仰賴於道才能成就其細小的形體。宇宙萬物無時不在沉浮變化中，不會終身固定不變：陰陽與四季按自然的規律運行，各有順序。大道是那麼渾沌不清，彷彿不存在卻又無處不在，生機盛旺卻又不留下具體的形跡，眞是神奇莫測，萬物被它養育而自己卻未覺察到。這就稱爲本根，懂得這道理，可以用它來觀察自然的天道。

寓言 ③　無莊之美〈大宗師〉

　　意而子見許由，許由曰：「堯何以資汝？」意而子曰：「堯謂我：『汝必躬服仁義而明言是非。』」許由曰：「而奚來爲軹①？夫堯既已黥②汝以仁義，而劓③汝以是非矣，汝將何以遊夫遙蕩恣睢轉徙之塗乎？」意而子曰：「雖然，吾願遊於其藩④。」許由曰：「不然。夫盲者無以與乎眉目顏色之好，瞽者無以與乎青黃黼黻⑤之觀。」意而子曰：「夫無莊⑥之失其美，據梁之失其力，黃帝之亡其知，皆在鑪捶⑦之間耳。庸詎知夫造物者之不息我黥而補我劓，使我乘成以隨先生邪？」許由曰：「噫！未可知也。我爲汝言其大略。吾師乎！吾師乎！韲⑧萬物而不爲義，澤及萬世而不爲仁，長於上古而不爲老，覆載天地刻雕眾形而不爲巧。此所遊已。」

①軹ㄓˇ：只。
②黥ㄑㄧㄥˊ：古代一種刑罰，在額頭上刺青。
③劓ㄧˋ：古代一種刑罰，割鼻。破壞自然形貌的肉刑。
④藩ㄈㄢ：境域。
⑤黼ㄈㄨˇ黻ㄈㄨˊ：華麗的古代禮服。
⑥無莊：古代美人，聞道後，不再裝飾打扮，忘其美色。
⑦鑪ㄌㄨˊ捶ㄔㄨㄟˊ：陶冶鍛鍊。
⑧韲ㄐㄧ：調和。

意而子拜訪許由。許由說：「堯拿什麼東西來教導你？」意而子說：「堯對我說：『你一定得親身實踐仁義並要明辨是非。』」許由說：「你怎麼只來我這裡做什麼呢？堯已經用『仁義』刻在你的額上，又用『是非』割下了你的鼻子，你將怎麼能逍遙遨遊，無拘束地輾轉走在變化的人生道路上？」意而子說：「雖然這樣，我還是希望能遨遊於這樣的境界。」許由說：「不行。有眼無珠的盲人無法與他共同觀賞佼好的眉目和容顏，瞎子無法與他欣賞禮服上各種不同顏色的花紋。」意而子說：「無莊美人聞道後，不再打扮，忘掉自己的美麗，據梁的大力士聞道後，不再逞強，忘掉自己的力氣，黃帝聞道後，忘掉自己的才智，他們都因為經歷大道的陶冶鍛鍊而形成。怎麼知道造物者不會養息我受黥刑的傷痕，和修補我受劓刑的殘缺鼻子，得以保全我承載精神的身軀，恢復完備，來跟隨先生呢？」許由說：「唉！這是不可知的。我還是給你講個大概。『道』是我偉大的宗師啊！我偉大的宗師啊！調和萬物不是為了表現道義，施恩萬世不是為了表現仁慈，生長於上古，卻不以為年老，覆天載地，雕刻眾生形體卻不自以為靈巧。這就是遊心於『道』的境界。」若要求在人為的世俗規範和價值標準的束縛下，人的精神活動便成了刻意作為，少了純真樸質與自由靈動之美。

寓言 ④　安知魚樂〈秋水〉

　　莊子與惠子遊於濠梁①之上。莊子曰：「鯈魚②出游從
容，是魚之樂也。」惠子曰：「子非魚，安知魚之樂？」莊子
曰：「子非我，安知我不知魚之樂？」惠子曰：「我非子，
固不知子矣；子固非魚也，子之不知魚之樂，全矣。」莊子
曰：「請循其本。子曰：『汝安知魚樂③？』云者，既已知吾
知之而問我，我知之濠上也。」

①濠梁：濠水上的橋。梁：橋。
②鯈ㄔㄡ：小白魚。又通「鮋ㄧㄡ」、「鰷ㄊㄧㄠ」、「鯈ㄒㄩ」。
③安知魚樂：怎麼知道魚是快樂的。

　　莊子和惠施有一次在濠水的橋上遊玩。莊子說：「河裡的小
白魚悠閒自在地游著，這是魚的快樂。」惠施說：「你不是魚，怎
麼知道魚是快樂的呢？」莊子說：「你不是我，怎麼知道我不知道
魚是快樂的呢？」惠施說：「我不是你，固然不知道你了；但你不
是魚，所以你不會知道魚是快樂，這完全可以確定。」莊子說：
「請回到我們對話的開始說起。當你說：『你怎麼知道魚是快樂的
呢？』這句話時，就已經知道我知道魚的快樂而來問我，你不過是
想知道我是如何知道的。那麼現在我可以告訴你，我如何會知道魚
是快樂的呢？我是從濠水上觀看魚游水的樣子知道的。」

　　知識論（epistemology）中 know how，我們是如何認識這個世界？主體如何認識客體（subject-object）？我們的認知是經由理性或經驗？是客觀還是主觀？惠施是以邏輯推理客觀的方式來檢驗事物的對錯，但這個世界不是萬事萬物皆可用邏輯是否矛盾來推測。莊子則是以人的主觀和自覺來解釋這世界，心靈建構世界，將心比心，感同身受。若沒有移情作用，那麼，人將是一個孤立的世界，無法與外界事物感通。人我可以通，物我亦可通，快樂雖是主觀的感受，但看見魚的從容出游，自在悠遊，自然可以感受其感受，而不受意識形態所限制。牟宗三先生曾說過「觀念底災害」，就是說 ideology 所帶來的災害，他不喜歡 ideology 翻譯成意識形態，而將之譯作「意底牢結」，翻譯得很傳神，別人進不來，自己也出不去，莊子就是要把這隔閡拆掉，讓生命有更多的交流感知。

寓言 5 莊周夢蝶〈齊物論〉

昔者莊周夢爲胡蝶，栩栩然①胡蝶也，自喻適志與！不知周也。俄然覺，則蘧蘧然②周也。不知周之夢爲胡蝶與，胡蝶之夢爲周與？周與胡蝶，則必有分矣。此之謂物化③。

①栩ㄒㄩˇ栩然：翩翩起舞。
②蘧ㄑㄩˊ蘧然：驚惶的樣子。
③物化：物的轉化，物我合一，物我交融，外物與自我的交合，物我界限消解，渾然成爲一體。

295

從前莊周夢見自己變成一隻蝴蝶，翩翩地飛舞，感到非常愉快啊！栩栩如生，不知道自己原本是莊周。突然間醒來，驚惶地發現自己的形體是莊周，但夢中那隻快樂的蝴蝶也像是自己。不知是莊周做夢變成蝴蝶呢？還是蝴蝶做夢變成莊周呢？莊周與蝴蝶一定是有所不同，但我為什麼分不清呢？這就叫做「物化」，物我同化，消解物我界限，不是眼中只有我，卻看不到別人；而是我中有你，你中有我。莊周可以夢見蝴蝶，蝴蝶也可以夢見莊周，無主客體之分，物我交融，悲歡與共，是夢境也好，是實境也好，終究會過去，人生如夢，不必執著分彼此，能「齊物」方能「逍遙」。

隨手筆記 Notes

寓言 6 不用隱居江海就有閒情〈刻意〉

　　刻意①尚行，離世異俗，高論怨誹②，為亢③而已矣；此山谷之士，非世之人，枯槁赴淵者之所好也。語仁義忠信，恭儉推讓，為修而已矣；此平世之士，教誨之人，遊居學者之所好也。語大功，立大名，禮君臣，正上下，為治而已矣；此朝廷之士，尊主強國之人，致功並兼者之所好也。就藪澤④，處閒曠，釣魚閒處，無為而已矣；此江海之士，避世之人，閒暇者之所好也。吹呴⑤呼吸，吐故納新，熊經鳥申⑥，為壽而已矣；此道引之士，養形之人，彭祖壽考⑦者之所好也。若夫不刻意而高，無仁義而修，無功名而治，無江海而閒，不導引而壽，無不忘⑧也，無不有⑨也，澹然⑩無極而眾美從之⑪。此天地之道，聖人之德也。

①刻意：克制意欲，磨鍊意志。
②怨誹：誹ㄈㄟˇ謗ㄅㄤˋ，抱怨譏諷世事。
③亢ㄎㄤˋ：高傲。
④就藪ㄙㄡˇ澤：隱逸、就近山澤，走向山林水澤。
⑤吹呴ㄒㄩˇ：呼吸。呴：吐氣。
⑥熊經鳥申：一種健身操，模仿熊攀到樹上，使身體懸空；又學習鳥伸展翅膀。
⑦考：老。
⑧無不忘：無刻意追求，一切無心。

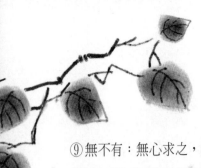

⑨無不有：無心求之，反而得到。

⑩澹ㄉㄢˋ然：恬淡無心的樣子。

⑪衆美從之：一切美好的事隨之而來。

　　克制欲望來使行爲清高，脫離現實又高談闊論，抱怨其懷才不遇而譏諷世事無道，這只是爲了顯示自己的清高而已；以上這是山林隱士，憤世嫉俗的人或是以身殉志者所喜好。推行仁愛、道義、忠誠、信實，和恭敬、儉樸、辭讓、謙遜等品德，這只是爲了修身而已；以上這是治國之士，施教的老師，遊說各國和退隱講學的人所喜好。宣揚大功，使大名遠播，又用禮儀來劃分君臣的位置，匡正上下的關係，這只是爲了推行治世之道而已；以上這是當官之人，幕僚之士，和致力建戰功的人所喜好。走向山林水澤，棲身曠野無人之處，垂鉤釣魚來消遣人生，這只是爲了逃避現實而已；以上這是隱居江湖的人，避世的人，和閒暇隱逸的人所喜好。練習調息呼吸，用力吐出胸中濁氣，吸入清新空氣，模仿黑熊吊掛在樹上，學鳥兒伸展的健身操，這只是爲了延年益壽而已；以上這是從事導引練氣的人，修習養身之術的人，像彭祖那樣長壽的人所喜好。若不用克制欲望就能使行爲自然清高，不須宣揚仁義就能修好心性，不追求功名而能治理好天下，不須隱居江湖而能使心境悠閒，不需用導引練氣，就可舒活經絡氣血而長壽，一切無心，不強求，反而得到上述五者：行爲清高、修養心性、治理好天下、心境悠閒、健康長壽。澹泊到了極點，一切美好的事都會隨之而來。這就是天

地之大道，聖人之美德。

　　因緣俱足事就成，踏實行事，保持平常心，讓心平和寧靜。大自然是紓解壓力的最佳地方，但對懂得大道的人來說，快樂不外求，自在心中有，只要心中有愜意，到哪會不愜意呢？

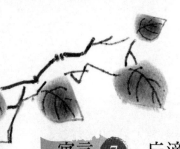

寓言 ⑦ 忘適之適〈達生〉

工倕①旋而蓋規矩，指與物化而不以心稽，故其靈臺②一
而不桎③。忘足，屨之適④也；忘要，帶之適⑤也；忘是非，心
之適⑥也；不內變，不外從，事會之適也。始乎適而未嘗不適
者，忘適之適⑦也。

① 工倕ㄔㄨㄟˊ：堯時代的人，靈巧的工匠。

② 靈臺：心，靈府。

③ 桎ㄓˋ：窒也，窒礙。

④ 忘足，屨ㄐㄩˋ之適：忘了腳的存在，是因為鞋子的舒適使然。

⑤ 忘要，帶之適：忘了腰的存在，是因為腰帶的舒適使然。

⑥ 忘是非，心之適：忘了是非，是因為內心的安適使然。

⑦ 忘適之適：忘了舒適情境所帶來的舒適感。忘了問自己是否為舒適的人，
那是真正舒適的人。

工匠用手旋轉畫圓的技藝勝過用圓規量尺畫出的東西，因為他能將手指和所用的工具合而為一，而不必用心思度量，所以他心靈專一而不窒礙。忘了腳的存在，是因為鞋子的舒適使然；忘了腰的存在，是因為腰帶的舒適使然；忘了是非，是因為內心的安適使然；不改變內心的原則，不盲從外物，是處境的安適使然。本性常保安適就到哪都不會覺得不安適，也就忘了安適心境所帶來的安適感。

　　忘了腳上有穿東西，便是鞋子很合腳；忘了是非紛擾，便是心中無偏執成見；忘了問自己是否為舒適的人，那是真正舒適的人，與道同在。

好自在，完全感受不到它的存在。

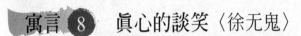

寓言 8　眞心的談笑〈徐无鬼〉

　　徐无鬼①出，女商曰：「先生獨何以說吾君乎？吾所以說吾君者，橫說之則以《詩》《書》《禮》《樂》，從說之則以〈金版〉〈六弢〉②，奉事而大有功者不可爲數，而吾君未嘗啓齒。今先生何以說吾君，使吾君說若此乎？」徐无鬼曰：「吾直告之吾相狗馬耳。」女商曰：「若是乎？」曰：「子不聞夫越之流人③乎？去國數日，見其所知而喜；去國旬月，見所嘗見於國中者喜；及期年也，見似人者而喜矣；不亦去人滋久，思人滋深乎？夫逃虛空者，藜藋④柱乎鼪鼬⑤之逕，踉⑥位其空，聞人足音跫⑦然而喜矣，又況乎昆弟親戚之謦欬⑧其側者乎！久矣夫，莫以眞人之言謦欬吾君之側乎！」

①徐无鬼：魏國的隱士。
②〈金版〉〈六弢ㄊㄠ〉：兵書之篇名，周書的篇名，姜太公兵法。弢：弓套。
③越之流人：越國被流放的人。
④藜ㄌㄧˊ藋ㄉㄧㄠˋ：雜草。
⑤鼪ㄕㄥ鼬ㄧㄡ：黃鼠狼。
⑥踉：踉ㄌㄧㄤˋ蹌ㄑㄧㄤˋ，走路不穩的樣子。又作「良」，有長久之意。
⑦跫ㄑㄩㄥˊ：腳步聲。
⑧謦ㄑㄧㄥˇ欬ㄎㄞˋ：咳嗽，喉中出聲音，引申爲談笑聲。

徐无鬼跟魏武侯說完話後走出來，魏武侯的寵臣女商說：「先生究竟如何使我的君王這麼高興呢？我用以取悅我君王的東西，從遠處來說，我用《詩》、《書》、《禮》、《樂》，從近處來說，我用〈金版〉、〈六弢〉等兵書篇章，這些應用在軍事而大有功效的地方不計其數，可是我的君王未曾開口笑過。如今先生用什麼對我君王說教，使我的君王如此喜悅呢？」徐无鬼說：「我只不過將相狗相馬之術告訴他而已。」女商說：「就只是這樣嗎？」徐无鬼說：「你沒聽過在越國被流放的人嗎？離開自己的國家不到幾天，見到認識的人就很高興；離開一個月，看到曾在國內見過的人就高興；至於離開一年的人，只要看到像是同鄉的人就很高興；這不就是離開故人越久，思念故人也就越深嗎？至於，逃到空曠山谷的人，徘徊於野草長滿黃鼠狼出沒的小路上，跟跟蹌蹌，走路不穩地進入野草中的空地居住，聽到人的腳步聲就高興起來，更何況是兄弟父母的談笑聲在他的旁邊，更令人心喜！唉！已經很久了，沒有人以真誠的語言在我們君王的身旁談笑啊！」

接觸人為的東西太多，聽到太多說教的言論，太久沒聽到自然之道，太久沒有去接觸自然來長智慧了。你有多久沒有聽到感動內心的話？你有多久沒有感受大自然的美好？你有多久沒有看到自己純真的一面？

303

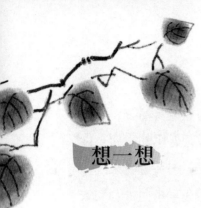

想一想

「天地與我並生，而萬物與我爲一」的境界爲何？

　　〈德充符〉：「自其異者視之，肝膽楚越也；自其同者視之，萬物皆一也。夫若然者，且不知耳目之所宜，而遊心乎德之和。」從事物相異點來看，即使鄰近的肝膽也會像是楚國和越國那樣相距遙遠；從事物的相同點來看，萬物都是一樣，是一體的。假如知道這個道理，就不會管耳朵眼睛所合宜何種聲音和色彩，不受感官物欲所支配，而是讓自己的心思自由自在地遨遊於道德的最高境界。不計己利，不恃才傲物，虛以待人，與萬物爲一體。至人是「無己」、「虛己」，故能達到「天地與我並生，而萬物與我爲一」的境界。

　　物我交融，不以人的好惡去干擾萬物的自然之性，沒有物我的對立與分別，「莊周夢蝶」與「安知魚樂」的寓言，就是描寫物我合一，精神與自然萬物融合的境界，而能化爲蝴蝶，或化而爲魚，無物我，無彼此，無貴賤，無成見，自然也無是非利害，與萬物混同爲一，和光同塵，一片祥和，最後悠遊於無限的境域。〈天下〉：「上與造物者遊，而下與外死生無終始者爲友。」自人生困境中超拔而出，與道同遊，享有逍遙之樂。

　　道家不僅關心人，也愛護大自然。在西漢劉向《說苑·至公》中，有一則有趣的故事「楚弓楚得」可以呼應：楚共王出獵而遺其弓，左右請求之，共王曰：「止，楚人遺弓，楚人得之，又何求焉？」仲尼聞之，曰：「惜乎其不大，亦曰：『人遺弓，人得之而已，何必楚

304

也！』」仲尼所謂，大公也。後人另作一文，如下：荆人有遺弓者而不肯索，曰：「荆人遺之，荆人得之。」孔子聞之曰：「去其『荆』而可以！」老耳聞之曰：「去其『人』而可以！」故老耳則至公矣。這第一種境界，「楚人遺之，楚人得之。」楚王在楚地遺失的弓，就送給撿到弓的楚國人，雖對楚國人大方，但仍有私心；第二種境界，「人遺之，人得之。」只要是人，不管撿到弓是哪國人都送給他，這已達大公無私了；第三種境界，「遺之，得之。」不管撿到弓是人還是動物都送給他或牠。此胸襟無所不包，也不偏愛任何一種，已達自然無為之境界。

生命的美感為何？

　　莊子的美學非指感官上的愉悅，而是指心靈上的逍遙無待，與道同化。雖然我們的身體有所限制，但人生不是注定的，「鯤鵬之變」、「薪盡火傳」寓言皆暗喻出在有限條件中，追求無限的發展。莊子對人生幸福之觀察，認為凡物皆由道而各成其德，不須外求，貪得無厭有損德，會傷了自己的天性，要讓自己回歸到天地萬物的根源，享有不佔有。欣賞萬物，而不去操控外物，當我們不去操控，就不會有所謂成敗，也沒有尊卑、優劣、美醜，沒有利害得失，化解了相對的價值，心就徹底自由，情緒得以釋放，一切就回到本然的樣子，就沒有壓力，就沒有害怕，審美是不帶任何利害關係，這樣才能真正去欣賞萬物這就是美麗人生！

　　美的感受可透過移情作用、投射作用、甚至擬人化，我們便能夠與外在一切人事物連結，將之變成有情有感，或與之對話，例如：莊子所說的「安知魚樂」、「莊周夢蝶」等心理變化。美學大師朱光潛（2003）認為在美感經驗中，心與物的關係是直覺的感受，這感受能引發愉快經驗。美感經驗是事物的自然和諧形式所帶給人

的一種愉悅的情緒，既是客觀的事實現象，也是主觀的價值判斷，這主觀來自當下即是的直覺，不作理智的價值判斷，是超乎利害關係，美本身就有價值，不會因其形式的價值才有價值。

　　莊子寓言故事中對身處環境的省思與超越就是提升生命美感的最大力量，讓精神提升不只是消極地「放下」被外物束縛所帶來的煩惱，而是積極地「活在當下」，享受每一個當下，真正地去體察生命，每一次的體察皆會有不同的美。然而，現代由於科技的高度發展，各種資訊學習管道似乎取代我們與大自然的接觸方式，例如：在傳統的戶外教學，學生到植物園去欣賞自然生態，會跟著老師的帶領解說去一一細察植物的特徵。但是現代手機上網便捷，學生對於有興趣的植物，會著透過植物標示牌上的快速反應矩陣碼（QR code）的超連結來快速獲得詳細植物資訊，但這卻減少對眼前活生生植物的觀賞與觸發，實乃顧此失彼。科技的進步，數位學習可以在極短時間內把很遙遠的東西拉近到我們的身邊；但也可以把很近的東西從我們身邊拉遠，身旁事物變得陌生。宣恩・惠普斯（Shane Hipps）牧師就有此感觸，語重心長地道出，在他的《閃爍的像素：科技怎樣塑造你的信仰》（Flickering Pixels: How Technology Shapes Your Faith）：「Mobile technique has a remarkable capacity to bring those far away much closer, while at the same time making those near us more distant.」咫尺天涯或天涯咫尺都是一種不真實的距離，我們何必捨近求遠，宜把握當下，好好欣賞沿途風景，萬物無不美，我們的生活不是缺乏美，而是缺乏發現，用心去發現生命中的真實美善吧！

如何活出美的人生？

資訊時代，外在刺激多、誘惑多、訊息更新速度快、人的反應被要求快、狠、準。另外，自我要求也變高，多還要更多、好還要更好，若長期處在高壓的生活節奏下，情緒易焦躁不安，行為衝動易怒，挫折容忍度會變低，健康也會因之亮起紅燈。有鑑於此，中外專家不約而同提出慢活、慢食、樂活等概念，放慢生活步調並注重內在精神生活。莊子哲學也提供一套靜心紓壓與省思人生的方向，讓生活可以忙中有閒，閒中有美，茲分為身心靈三方面：一、純樸之美：去除形體上的貪欲與執著，不因追求外在名利而使形體勞頓疲憊，回歸純真樸實的本質，涵養生命；二、逍遙之美：打破美醜、大小、成敗、得失、生死、優劣等相對價值，不以好惡內傷其身，不被成見所束縛，超然物外，保有精神的自在自得；三、悟道之美：道是自然運行的法則，是一切事物的根源，順應自然，與道同化。

康德（kant）在《判斷力批判》中提出：「美是無目的而又符合目的性之形式 purposiveness without purpose, finality without end，是一種無所為而為的沉思欣賞 Disinterested contemplation。」美就是在無特定目的要求下所得之快樂，不同於物質欲望滿足後的快感。美就是做事不帶目的，但最後都合乎愉悅情緒的目的，純粹的美感經驗。做事時不計較結果能獲得多少好處，重要的是能從過程中體驗到愉悅感受。不強求，以適性發展為原則，但若身處不得已之境遇，有志難伸時，就要安時處順，如此方能不為哀樂所困，不為逆境所苦，並且需要耐心等待，等到條件成熟、時機對了，就一定可以看到開花結果，欣賞自然的無為之美，如此豁達不拘，人生就會無往而不樂。

單元十六

活出逍遙的人生

　　《道德經》第二十五章：「道大，天大，地大，人亦大。」人是有主體性，有自由意識，人可經由自我修練來提升精神境界。讓生命開展，首先要自我覺醒，自己所爲何來？生活的樂趣在哪？人生的意義在哪？有一則故事敍述一位漁夫，每天在湖邊只釣五條魚，有一天來了個富翁，他也來到湖邊釣魚，好奇地問漁夫：「你爲何不多釣些魚？」漁夫回答：「每天到市場賣五條魚就夠我全家溫飽。」富翁說：「你應該要多釣一些魚，就有錢可以買漁網，用漁網就可捕到更多魚，再賣個好價錢就可以買漁船出海捕魚，到時就一定能賺大錢，之後就可以像我一樣，在午後到湖邊度假，悠閒地釣魚。」漁夫回答：「我現在就已經是在湖邊悠閒地釣魚。」一念之間就決定了心態，不是嗎？

寓言 ① 鯤鵬之變〈逍遙遊〉

北冥①有魚，其名爲鯤。鯤之大，不知其幾千里也。化而
爲鳥，其名爲鵬。鵬之背，不知其幾千里也；怒②而飛，其翼
若垂③天之雲。是鳥也，海運則將徙於南冥。南冥者，天池
也。

①冥：溟，海。
②怒：努，振奮，鼓動翅膀。
③垂：陲，邊陲。

　　北海有一條魚，牠的名字叫「鯤」。鯤的體型非常巨大，不
知道有幾千里。跳出水面化成爲鳥，牠的名字叫「鵬」。鵬的背脊
非常寬廣，不知道有幾千里；鼓動翅膀奮起而飛，牠的翅膀就像天
邊的雲。這隻鳥，當海上起大風時，牠就乘風勢而高飛，往南海遷
徙。那南海，就是天然的大池。

　　在大海中的鯤，不斷自我提升，終於能一飛沖天，躍出水面幻
化成大鵬鳥，迎向無邊無際的世界，鵬程萬里，在遼闊的視野中展
開不同層次的生活。

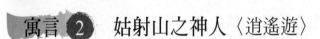

寓言 ② 姑射山之神人〈逍遙遊〉

　　連叔曰：「其言謂何哉？」「曰：『藐^①姑射之山^②，有神人居焉，肌膚若冰雪，綽約若處子^③。不食五穀，吸風飲露。乘雲氣，御飛龍，而遊乎四海之外。其神凝，使物不疵癘^④而年穀熟。』吾以是狂而不信也。」連叔曰：「然。瞽者^⑤無以與乎文章之觀，聾者無以與乎鐘鼓之聲。豈唯形骸有聾盲哉？夫知亦有之。是其言也，猶時女也。之人也，之德也，將旁礴^⑥萬物以為一，世蘄乎亂，孰弊弊焉以天下為事！之人也，物莫之傷，大浸稽天而不溺，大旱金石流，土山焦而不熱。是其塵垢粃糠^⑦，將猶陶鑄堯舜者也，孰肯以物為事！」

①藐：遙遠的。
②姑射之山：神話中的山名。
③綽約若處子：像少女般輕盈柔美。
④疵癘：疾病災害。
⑤瞽者：盲人。
⑥旁礴：覆蓋、混同。磅礴，廣大的樣子。磅：落石的聲音。
⑦塵垢粃糠：比喻微小的東西。粃：秕的異體字，有殼無米的穀粒。

連叔說：「楚國隱士接輿跟你說了什麼呢？」肩吾說：「接輿說：『在遙遠的姑射山上，住了一位神人，其肌膚潔白像冰雪一般，姿態柔美像處女一般。他不吃五穀，只吸清風，飲露水。乘著雲氣，駕著飛龍，而遨遊於四海之外。他的精神專一，就能使農作物不受災害，年年穀物豐收。』我認為接輿講的是怪誕的狂話，所以不以為真。」

　　連叔說：「是的。盲人無法給他看文采絢麗的奇觀，聾子無法給他聽鐘鼓的美聲。難道只是肉體才有聾有瞎嗎？心智上也有聾子有瞎子。上面這句話，就是在說你。神人修身養性到最高境界，能包容萬物，與萬物混同，合為一體，世人祈求他來治理天下，但他怎肯勞形傷神去管世間的俗事呢！這神人，外物傷害不了他，洪水滔天而他不怕，大旱使金石熔化、土山枯焦，他也不怕。神人只要用像塵垢粃糠般小小的力氣，就能造就出堯舜那樣的功業，他又怎肯把世俗功名、俗物當成事業來追求！」

　　人的生存需要空氣、水、食物，形體的存在是有條件上的限制；唯有在精神方面，可藉由修養而超脫，不受外物所束縛，藉由精神力量能苦中作樂，安貧樂道，讓心境自由逍遙。

寓言 ③ 何謂至人〈齊物論〉

王倪曰：「至人神①矣！大澤焚而不能熱，河漢沍而不能寒②，疾雷破山飄風振海而不能驚。若然者，乘雲氣，騎日月，而遊乎四海之外。死生無變於己③，而況利害之端乎！」

①至人神：至人太神妙。

②河漢沍而不能寒：江河結凍也不能使他覺得寒冷。

③死生無變於己：生死的變化對他都沒有影響，他都不害怕。

王倪說：「至人太神妙了！大草原燃燒而不能使他感到酷熱，江河結凍成冰而不能使他感到寒冷，迅雷劈山破岩、狂風在海上激起巨浪，都不能使他感到驚恐。像這樣的至人，精神上乘著雲氣，騎著日月，而遨遊於四海之外的宇宙。死生的變化對他都沒有影響，他都不感到困擾，更何況是世俗的利害關係呢！」

寓言 ④ 何謂眞人〈大宗師〉

　　且有眞人而後有眞知。何謂眞人？古之眞人，不逆寡，不雄成，不謨士。若然者，過而弗悔[1]，當而不自得[2]也。若然者，登高不慄[3]，入水不濡，入火不熱。是知之能登假[4]於道者也若此。

①過而弗ㄈ悔：錯過時機不後悔。
②當而不自得：時機適當時，趕上良機不得意。
③登高不慄ㄌ：登上高處不顫慄害怕。
④假：至。

　　只有眞人才會有眞知。什麼叫做眞人呢？古代的眞人，虛懷若谷，凡事不嫌少，成功時不以英雄自居，不自恃成功，也不圖謀算計別人。像這樣的人，錯過了時機不後悔，趕上良機不得意。像這樣的人，登上高處不顫慄，下水不覺濕，入火不覺熱。這只有當智慧與大道相合時才能到達此境界。

　　眞知者，外在一切利害都不能損傷他，生死危難不能威脅他，任物自然，凡事不強求，與道同化。

寓言 5 如何得道〈知北遊〉

知[1]北遊於玄水之上，登隱弅[2]之丘而適遭無爲謂焉。知謂無爲謂[3]曰：「予欲有問乎若：何思何慮則知道？何處何服則安道？何從何道則得道？」三問而無爲謂不答也，非不答，不知答也。知不得問，反於白水之南，登狐闋之上，而睹狂屈[4]焉。知以之言也問乎狂屈。狂屈曰：「唉！予知之，將語若。中欲言而忘其所欲言。」知不得問，反於帝宮，見黃帝[5]而問焉。黃帝曰：「無思無慮始知道，無處無服始安道，無從無道始得道。」知問黃帝曰：「我與若知之，彼與彼不知也，其孰是邪？」黃帝曰：「彼無爲謂眞是也，狂屈似之，我與汝終不近也。夫知者不言，言者不知[6]，故聖人行不言之教[7]。道不可致，德不可至。仁可爲也，義可虧也，禮相僞也。故曰：『失道而後德[8]，失德而後仁，失仁而後義，失義而後禮。禮者，道之華而亂之首也。』故曰：『爲道者日損[9]，損之又損之，以至於無爲。無爲而無不爲也。』今已爲物也，欲復歸根，不亦難乎！其易也，其唯大人乎！」

①知：智，虛擬人物，象徵求智的人。

②隱弅：山丘名。

③無爲謂：虛擬的得道者。

④狂屈：虛擬人物，其體悟近於大道。

⑤黃帝：象徵一般人的層次。

⑥知者不言，言者不知：源自「知者不言，言者不知，塞其兌，必其門，挫
其銳，解其分，和其光，同其塵。是謂玄同。」（《道德經》第五十六
章）。

⑦不言之教：源自「不言之教，無爲之益，天下希及之。」（《道德經》第
四十三章）。

⑧失道而後德：源自「失道而後德，失德而後仁，失仁而後義，失義而後
禮。夫禮者，忠信之薄，而亂之首。前識者，道之華，而愚之始。」
（《道德經》第三十八章）。

⑨道者日損：源自「爲學日益，爲道日損。損之又損，以至於無爲，無爲而
無不爲。」（《道德經》第四十八章）。

知向北方遊歷，來到玄水岸邊，登上名叫隱弅的山丘，正巧在
那裡遇到無爲謂。知對無爲謂說：「我想向你請教一些問題：要如
何思索、如何考慮才能瞭解大道？如何居處、如何行動才能符合大
道？要經由何種途徑、用什麼方法才能獲得大道？」問了三次，無
爲謂都不回答，不是不回答，而是不知道如何回答。知從無爲謂那
裡得不到答案，便返回到白水的南岸，登上名叫狐闋的山丘，在那
裡見到了狂屈。知把先前的問話向狂屈提出請教，狂屈說：「唉！
我知道，我正要告訴你，可是心中正想說的話卻又忘記了。」知從
狂屈那裡也沒有得到答案，便轉回到黃帝的住所，見到黃帝向他再
問。黃帝說：「沒有偏見、沒有顧慮才能瞭解大道，沒有特定的居
處、沒有特定的行動才能符合大道，不經由特定的途徑、不用特定

的方法才能獲得大道。」

知又問黃帝：「我和你知道這些道理，無為謂和狂屈不知道這些道理，那麼，誰是對的呢？」黃帝說：「無為謂是真正懂得大道的人，狂屈接近於大道，我和你則始終還沒接近大道。知道的人不說，說的人不知道，所以聖人不用言語的教導。道不能靠言語來說明，德不能靠外在表現來達到。仁有可能是表面作為，義有可能是做有虧損德的事，禮有可能是虛偽的往來。所以說：『道失去了而德才出現，德失去了而仁才出現，仁失去了而義才出現，義失去了而禮才興起。禮是道的浮華偽裝，是禍亂的開端。』所以說：『修道的人每天都在去除浮華虛偽，每天都在減少貪欲，減少再減少，一直做到不刻意作為，做到自然無為，不強求，那麼就沒什麼事是不好的。讓事物依循自然規律運行，自然而然進入正軌，默默地各自成就，那麼就沒什麼不能的。』如今你把道看成是有形的物，卻又想返回到那無形的、不可言說的虛無及道的本源，這麼做不也很困難達成！若容易做得到，恐怕只有得道的至人啊！」

知識不等於智慧，知識不代表大道，人生的境界要用心去領悟，還要身體力行，下工夫修練。不用己見，去除貪欲，放下人為價值的偏執，不為別人眼光所苦惱，不為世俗價值而汲汲追求，而要活出真我，不虛偽，內心坦然自由，與外物自然相應合，才能入於天，進入自然的境界，與道化合，逍遙自在悠遊生活。

寓言 6　天下馬〈徐无鬼〉

　　徐无鬼因女商見魏武侯，武侯勞之曰：「先生病矣！苦於山林之勞，故乃肯見於寡人。」徐无鬼曰：「我則勞於君，君有何勞於我！君將盈耆欲，長好惡，則性命之情病矣；君將黜耆欲，掔好惡①，則耳目病矣。我將勞君，君有何勞於我！」武侯超然不對。少焉，徐无鬼曰：「嘗語君，吾相狗②也。下之質執飽而止，是貍德也；中之質若視日，上之質若亡其一③。吾相狗，又不若吾相馬也。吾相馬，直者中繩，曲者中鉤，方者中矩，圓者中規，是國馬也，而未若天下馬④也。天下馬有成材，若卹若失⑤，若喪其一。若是者，超軼絕塵⑥，不知其所。」武侯大悅而笑。

①黜耆欲，掔好惡：捨棄嗜好欲望，去除好惡。

②相狗：觀看狗的相貌並分析吉凶。

③亡其一：「一」是指身體或自己。好像忘了自己的存在。

④天下馬：天下之冠的好馬。

⑤若卹若失：卹為安靜，失為佚，逸，奔逸。若靜若動。

⑥超軼絕塵：軼通「逸」。奔跑如風，超越馬群，像飛似的，不起塵埃。

徐无鬼經由女商介紹去拜見魏武侯，武侯慰勞他說：「先生看起來很疲憊！山林的生活一定很勞苦，所以你才肯來見我。」徐无鬼說：「我是來慰勞你的，你怎麼反過來慰勞我，你要慰勞我什麼！你為了滿足嗜好與欲望，增長好惡之心，那麼性命的本質就要受損了；你若想要捨棄嗜欲，去除好惡，那麼耳目的物欲享樂減少，你就要受苦。我正要來慰勞你，而你要慰勞我什麼呢？」武侯悵然，若有所失而不回答。

　　過了一會兒，徐无鬼說：「我想試著告訴你，我的相狗術。下等資質的狗，只會捕食，捕捉夠吃而止，只求吃飽，這種狗就像山貓的德行一樣；中等資質的狗，眼睛炯炯有神，像在凝視太陽，看得高，望得遠；上等資質的狗，忘了自己是狗。我的相狗術，又不及我的相馬術精采。我幫馬看相，不管馬齒、馬背、馬頭、馬眼大小都要合乎標準，直的與繩墨相符合，彎的與釣鉤相符合，方的與矩尺相符合，圓的與圓規相符合，這就是全國最好的馬，然而還比不上天下最好的馬。天下之馬有天生好的材質，其神態靜如處子，動如脫兔，好像忘了自己是馬，自由自在。像這樣的馬，奔跑如風，超越馬群，像飛似的，不起塵埃，不知去向，不知止境。」武侯很高興地笑了。唯有解除束縛，放下欲求，返回本真，心方能真正自由，才有逍遙自在的人生，擁抱無盡潛質的真我。

　　孔子曰：「魚相造①乎水，人相造乎道。相造乎水者，穿池而養給；相造乎道者，無事而生定②。故曰：魚相忘乎江湖，人相忘乎道術③。」子貢曰：「敢問畸人。」曰：「畸人者，畸於人而侔於天④。故曰：天之小人，人之君子⑤；天之君子，人之小人也。」

①造：造詣，成就；造訪。
②無事而生定：無為就能性情安定自足，生活閒適；雖處方內，仍可由無為使心生定不亂，而遊於方外。
③道術：「道」是一切事物的根源。「術」是「道」的應用。
④畸ㄐ於人而侔ㄇ於天：畸人就是異於世俗的禮法，而侔合於天道的自然。
⑤天之小人，人之君子：從自然的觀點來看是小人，但他們卻成為世俗所謂的君子。

　　孔子說：「魚兒生活在水中，得到安適，人生活在大道中，得到安適。水讓魚生活安適，只要挖掘水池便能使魚兒快樂安養；大道讓人生活安適，只要不刻意作為就能使心性安定自足，生活悠哉閒適。所以說：魚在水中而忘我，悠閒自在，人活在道中而忘我，逍遙自得。」子貢說：「請問那些不合乎世俗標準的奇人，又是如何？」孔子回答：「所謂奇人，就是不同於世俗的禮法卻又符合於自然的天道。所以說：從天道的觀點來看是小人，但他們卻成為世

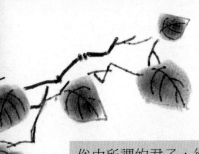

俗中所謂的君子；從天道的觀點來看是君子，但卻成爲世俗所謂的
小人。」

寓言 8 無所待〈逍遙遊〉

　　故夫知效一官，行比一鄉，德合一君，而徵一國者，其自視也亦若此矣。而宋榮子猶然笑之。且舉世而譽之而不加勸①，舉世而非之而不加沮，定乎內外之分，辯乎榮辱之境，斯已矣。彼其於世未數數然②也。雖然，猶有未樹也。夫列子御風而行③，泠然④善也，旬有五日而後反。彼於致福者，未數數然也。此雖免乎行，猶有所待⑤者也。若夫乘天地之正，而御六氣之辯，以遊無窮者，彼且惡乎待哉！故曰，至人無己⑥，神人無功⑦，聖人無名⑧。

①舉世而譽之而不加勸：世人都誇讚他，宋榮子也不會因而更加努力。

②數ㄕㄨㄛˋ數然：急促貌，汲汲營營地追求。

③御風而行：乘風勢而行。

④泠ㄌㄧㄥˊ然：樣子輕盈美妙的樣子。

⑤有所待：有所依賴，受外力限制支配，不自主。

⑥至人無己：境界最高的人不為己見所限。

⑦神人無功：神妙莫測的人不為功勞所苦。

⑧聖人無名：才智道德高的人不為虛名所累。

有些人才智可以勝任一官的職守，行爲可以符合一鄉的風俗，德性可以投合一君的心意，能力可以取得全國人的信任，於是這些人以此自視甚高而沾沾自喜，這和蜩、學鳩、斥鷃的短淺見識又自傲是一樣。而宋榮子嘲笑以上這些人，宋榮子能夠做到：如果世人都誇讚他，他也不會因此感到得意而加倍努力，如果世人都毀謗他，他也不會因此而感到沮喪。他能確定內我和外物的區別，能分辨光榮和恥辱的界限，不過也就如此而已。宋榮子對於世俗的聲譽並沒有汲汲營營去追求。雖然這樣，但他還有未樹立的品格，仍沒有做到無己，仍有成見，仍有執著。列禦寇能夠乘著風勢而行，樣子輕妙極了，過了十五天而後返回。他對於世俗求福的事，並沒有汲汲營營去追求。他雖然可免於步行，但畢竟他必須等待大風起才能乘風而行，有所依賴。然而，若能依循天地萬物之本性，順應陰陽風雨晦明等大自然的變化，以遨遊於無窮的境域，不受時空的限制，不受名利的束縛，那他還需要依賴什麼呢！所以說，修養到最高境界的至人不爲己見所限；修養達神妙莫測的神人不爲功勞所苦；修養達才智道德高尚的聖人不爲虛名所累，修養完善者才無所待，享有眞正的精神自由。

想一想

莊子所指的生命境界為何？

在〈逍遙遊〉中，莊子提出生命境界的四個層次如下：

1. 有己、有功、有名：這些人的行為處事皆符合社會期望下的成功標準，但對莊子來說，這只不過是成功地追求到世俗的名利，以此自視甚高而沾沾自喜罷了。

2. 有己：就像宋榮子，雖不受外在功名利誘所左右，但內心仍有己見，有執著。

3. 有待：列子雖對求福之事不汲汲營營，但其乘風而行仍需依賴大風，所以在身心方面仍不自主，不自由。

4. 至人無己、神人無功、聖人無名：無己、無功、無名是達到「無待」的途徑，是精神上徹底的大解脫。所以修養到最高境界的人，是不會被成見私欲，功名利祿所束縛。莊子修養的理想境界，已超出相對的世界，而逍遙在無限的絕對世界。

　　人生意義何在？貴在做自己，找到真我，活得自在，若肉體不得放鬆，精神就不得自由，生命便不得安頓。潛心領悟道，在有限條件下，追求無限的境界，就像大鵬鳥培風以蓄積浮力，才能鵬程萬里，開展廣闊的眼界，遨遊於更高的境域。

如何快樂做自己？

　　《人間詞話》：「古今之成大事業、大學問者，必經過三種之境界：『昨夜西風凋碧樹。獨上高樓，望盡天涯路。』此第一境也。『衣帶漸寬終不悔，為伊消得人憔悴。』此第二境也。『眾裡尋他千百度，驀然回首，那人卻在，燈火闌珊處。』此第三境也。」王國維巧妙地擷取晏殊的〈蝶戀花〉、歐陽修的〈蝶戀花〉、辛棄疾的〈青玉案〉等詞句，道出做學問所歷經的三境界。若用此來比喻成長的蛻變亦是貼切。在浩瀚中探索，都是先從外在的形貌來認識，見山是山的階段；等到找到人生方向，為之耕耘，創造奇蹟，此山已非山；然而午夜夢迴，驚覺一切皆在大夢中，山還是山，但此時心境豁達，山依舊是山，但心境儼然已超然。

　　「活在當下」是指當下我們可以「做什麼？」當下我們可以「改變什麼？」非指人生苦短應及時行樂而已。幸福其實很簡單，身邊很多小事也能帶來喜悅，不必外求，返回純樸人生。不用給自己很大壓力去尋求被肯定，只要心態一改，放下執著，「外化而內不化」，順應外在環境變化，跟大家一樣，但內在依據「道」，與道同在，最後自化，朝向行動與意念合一的忘我境界。依循自然的規律與回歸純樸的本真，讓來自靈性的自由活潑，不受外物所役使。〈山木〉：「物物而不物於物，則胡可得而累邪！」利用物而不受制於物，那麼怎麼會受牽累！遊心於物欲之外，人生將無所往而不樂？

莊子成語舉隅

一、逍遙遊

鵬程萬里、扶搖直上、榆枋之見、朝生暮死、御風而行、鷦鷯一枝、一枝之棲、鼴腹鷦枝、鼴鼠飲河、飲河滿腹、越俎代庖、尸祝代庖、大而無當、往而不返、河漢無極、大相逕庭、大相徑庭、不近人情、綽約處子、吸風飲露、流金焦土、塵垢秕糠、大而無用、無用之用、樗櫟之材、樗櫟庸材、跳梁小丑

二、齊物論

槁木死灰、心如死灰、嗒然若喪、天籟之音、詹詹炎炎、相刃相靡、師心自用、方生方死、方死方生、恢恑憰怪、朝三暮四、支策據梧、秋毫之末、六合之外、存而不論、六合之內、論而不議、大辯不言、鴟鴉嗜鼠、沉魚落雁、不知利害、孟浪之言、見卵求雞、見彈求炙、妄言妄聽、姑妄言之、姑妄聽之、夢中占夢、莊周夢蝶、栩栩如生、大夢初醒

三、養生主

庖丁解牛、目無全牛、官止神行、批隙導窾、恢恢有餘、遊刃有餘、迎刃而解、發硎新試、躊躇滿志、善刀而藏、一飲一啄、遁天倍情、遁天之刑、安時處順、薪火相傳、薪盡火傳

四、人間世

知出乎爭、繩墨之言、以火救火、以水救水、執而不化、不翼而飛、無翼而飛、虛室生白、吉祥止止、飲冰內熱、安之若命、悅生惡死、溢美之言、溢美溢惡、巧言偏辭、美成在久、螳臂擋車、畫地而趨、山木自寇、膏火自煎、無用之用

五、德充符

虛往實歸、不言之教、肝膽楚越、鑑於止水、入吾彀中、廢然而返、改容易貌、和而不唱

六、大宗師

至人無夢、相濡以沫、藏舟於壑、藏山於澤、善始善終、不死不生、相視莫逆、莫逆之交、尻輿神馬、鼠肝蟲臂、善生善死、方外之人、附贅懸疣、決疣潰癰、不知端倪、相忘江湖、息黥補劓、救黥醫劓

七、應帝王

涉海鑿河、用心若鏡、使蚊負山、蚊虻負山、功蓋天下、虛與委蛇、混沌鑿竅、混沌之死、混沌不分

八、駢拇

駢拇枝指、金石絲竹、不及之法、鼓舌如簧、累瓦結繩、鳧脛鶴膝、鶴長鳧短、截鶴續鳧、蒿目時艱、臧穀亡羊、適人之適、自適其適

九、馬蹄

伯樂治馬、中規中矩、白玉微瑕、詭銜竊轡、鼓腹而遊、含哺鼓腹、擊壤鼓腹

十、胠篋

探囊取物、盜亦有道、唇竭齒寒、權衡輕重、竊鉤竊國、絕聖棄智、掊斗折衡、延頸舉踵

十一、在宥

尸居龍現、桁楊相望、昏昏默默、雀躍三百、雀躍不已、渾渾沌沌、獨往獨來

十二、天地

知一萬畢、洋洋大觀、愛人利物、神之又神、神乎其神、華封三祝、鶉居鷇食、辭不獲命、抱甕灌園、抱甕出灌、忿然作色、獨弦哀歌、知其一，不知其二、酌焉不絕、酌焉不竭、標枝野鹿、孝子不諛其親、忠臣不諂其君、不肖子孫、勃然作色、怫然作色、大惑不解、二缶鍾惑、交臂曆指、

十三、天道

澤及萬世、膠膠擾擾、兼愛無私、百舍重趼、呼牛呼馬、輪扁斫輪、斲輪老手、不徐不疾、得心應手、言傳身教、只可意會，不可言傳

十四、天運

不主故常、滿坑滿谷、推舟於陸、徒勞無功、俯仰由人、西施捧心、東施效顰、播糠眯目

十五、刻意

離世異俗、避世絕俗、吐故納新、熊經鳥申、際地蟠天

十六、繕性

時命大謬、儻來之物、軒冕肆志、窮約趨俗、倒置之民

十七、秋水

望洋興嘆、貽笑大方、見笑大方、大方之家、太倉稊米、太倉一粟、一日千里、非愚則誣、不分畛域、咳唾成珠、弦歌不輟、視死若生、埳井之蛙、井底之蛙、井蛙之見、坐井觀天、逡巡而退、蚊虻負山、商距馳河、以管窺天、用椎指地、邯鄲學步、曳尾途中、鵷鶵之志、從容不迫、濠梁之辯、知魚之樂

十八、至樂

夜以繼日、鼓盆而歌、鼓盆之戚、斧鉞之誅、褚小懷大、綆短汲深、汲深綆短

十九、達生

飄瓦虛舟、用志不分、外重內拙、視為畏途、不上不下、矙然而笑、虛憍恃氣、呆若木雞、木雞養到、鬼斧神工、進退中繩、屨適忘足、履適忘足、帶適忘腰、忘適之適、矜愚飾智、昭然若揭

二十、山木

雁默先烹、似是而非、無毀無譽、少私寡欲、自崖而反、送往迎來、直木先伐、甘井先竭、君子之交、交淡若水、衣敝履穿、衣弊履空、螳螂捕蟬，黃雀在後、得意忘形、見利忘真、入鄉隨俗、入境隨俗

二一、田子方

鉗口不言、道存目擊、亦步亦趨、奔逸絕塵、望塵莫及、瞠乎其後、不言而信、哀莫大於心死、失之交臂、唐肆求馬、德配天地、甕裡醯雞、解衣般礴、揮斥八極、揮斥如意、汗流至踵

二二、知北遊

不言之教、損之又損、化腐成奇、初生之犢、形如槁骸、心若死灰、食不知味、精神生於道、白駒過隙、道在屎溺、監市履豨、每下愈況、異名同實

二三、庚桑楚

數米而炊、迫在眉睫、冰解凍釋、凍解冰釋、天下為籠、投其所好

二四、徐无鬼

跫然足音、空谷足音、害群之馬、匠石運斤、運斤成風、喙長三尺、乳間股腳、安室利處、群蟻附膻、如蟻附膻

二五、則陽

蝸角之爭、蠻觸相爭、劍頭一吷、鹵莽滅裂、安危相易、有名無實

二六、外物

萇弘化碧、血化爲碧、斗升之水、斗水活鱗、枯魚之肆、涸轍鮒魚、涸轍之鮒、涸轍枯魚、憚赫千里、詩禮發冢、詩書發塚、尊古卑今、厚古薄今、婦姑勃谿、得魚忘荃、得魚忘筌、不落言筌、得意忘言

二七、寓言

和以天倪、心服口服、口服心服、睢睢盱盱、煬者避灶

二八、讓王

夏葛冬裘、日出而作、日入而息、逍遙自得、隨珠彈雀、陳義甚高、陳義過高、萬鍾之祿、高官尊爵、桑樞甕牖、上漏下濕、手足胼胝、胼手胝足、捉襟見肘、踵決肘見、納屨踵決、身在江湖，心存魏闕、不知天

高地厚

二九、盜跖

髮上指冠、令人髮指、怒髮衝冠、造謠生事、不耕而食、不織而衣、搖唇鼓舌、案劍瞋目、順我者昌，逆我者亡、南面稱孤、齒如齊貝、音如黃鐘、唇如激丹、天下更始、與民更始、立錐之地、以強凌弱、倚強凌弱、以眾暴寡、縫衣淺帶、矯言偽行、止暴禁非、文過飾非、尾生抱柱、抱柱之信、尾生之信、色若死灰、行色匆匆、無病自灸、虎口逃生、虎口餘生、久病成醫

三十、說劍

茫然自失、大發雷霆

三一、漁父

鬚眉交白、同類相從、同聲相應、畏影惡跡、精誠所至，金石為開、法天貴真、不拘於俗、分庭抗禮

三二、列禦寇

能者多勞、不繫之舟、屠龍之技、苞苴竿牘、槁項黃馘、吮癰舐痔、厚貌深情、探驪得珠

三三、天下

不離其宗、一曲之士、內聖外王、沐雨櫛風、強聒不舍、其應若響、變化無常、荒唐之言、學富五車、腹載五車、大同小異

参考書目 Bibliography

〔清朝〕郭慶藩：《莊子集釋》，台北：頂淵文化，2005。

吳怡：《新譯莊子內篇解義》，台北：三民，2000。

陳鼓應：《莊子今註今譯》，台北：臺灣商務，1998。

黃錦鋐：《新譯莊子讀本》，台北：三民，1944。

張默生：《莊子新釋》，台北：天工書局，1993年。

傅佩榮：《傅佩榮解讀莊子》，台北：立緒，2002。

Burns, D. D. (1980). *Feeling good: The new mood therapy*. New York: Signet.

Pardeck, J. T. (1994). Using literature to help adolescents cope with problems. *Adolescence, 29*(114), 421-427.

Rubin, R. J. (1978). *Using bibliotherapy: A guide to therapy and practice*. Phoenix, AZ: Oryx Press.

Sridhar, D., & Vaughn, S. (2000). Bibliotherapy for all: Enhancing reading comprehension, self-concept, and behavior. *Teaching Exceptional Children, 33*, 74-82.

随手筆記 Notes

國家圖書館出版品預行編目資料

《莊子》選文——一場哲學與心靈的對話／傅
孝維著. -- 三版. -- 臺北市：五南圖書出
版股份有限公司, 2022.11
　　面；　公分
　　ISBN 978-626-343-480-6（平裝）

　　1.CST: 莊子　2.CST: 研究考訂

121.337　　　　　　　　　　111016987

1XDU

《莊子》選文
——一場哲學與心靈的對話

作　　者 — 傅孝維（275.9）

發 行 人 — 楊榮川

總 經 理 — 楊士清

總 編 輯 — 楊秀麗

副總編輯 — 黃文瓊

責任編輯 — 吳雨潔　黃美祺

封面設計 — 陳翰陞　姚孝慈

美術設計 — 吳佳臻

出 版 者 — 五南圖書出版股份有限公司

地　　址：106台北市大安區和平東路二段339號4樓

電　　話：(02)2705-5066　　傳　　真：(02)2706-6100

網　　址：https://www.wunan.com.tw

電子郵件：wunan@wunan.com.tw

劃撥帳號：01068953

戶　　名：五南圖書出版股份有限公司

法律顧問　林勝安律師

出版日期　2016年9月初版一刷
　　　　　2018年3月初版二刷
　　　　　2020年2月二版一刷
　　　　　2021年2月二版二刷
　　　　　2022年11月三版一刷
　　　　　2023年10月三版二刷

定　　價　新臺幣480元

經典永恆・名著常在

五十週年的獻禮 —— 經典名著文庫

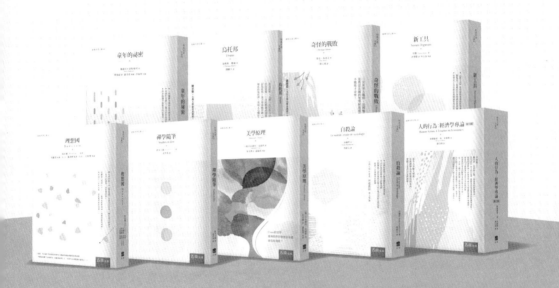

五南，五十年了，半個世紀，人生旅程的一大半，走過來了。

思索著，邁向百年的未來歷程，能為知識界、文化學術界作些什麼？

在速食文化的生態下，有什麼值得讓人雋永品味的？

歷代經典・當今名著，經過時間的洗禮，千錘百鍊，流傳至今，光芒耀人；

不僅使我們能領悟前人的智慧，同時也增深加廣我們思考的深度與視野。

我們決心投入巨資，有計畫的系統梳選，成立「經典名著文庫」，

希望收入古今中外思想性的、充滿睿智與獨見的經典、名著。

這是一項理想性的、永續性的巨大出版工程。

不在意讀者的眾寡，只考慮它的學術價值，力求完整展現先哲思想的軌跡；

為知識界開啟一片智慧之窗，營造一座百花綻放的世界文明公園，

任君遨遊、取菁吸蜜、嘉惠學子！